高职高专“十一五”规划教材·财会系列
GAOZHI GAOZHUAN “SHIYIWU” GUIHUA JIAOCAI

成本会计教程

主　编　周　军　李光富　章伟舟
副主编　石兰东　刘彩霞　王利红
主　审　陈元芳

教材参研人员：（以姓氏笔画为序）
王小妹　陶　杰　蒋昌维
操小龙

WUHAN UNIVERSITY PRESS
武汉大学出版社

前　言

成本会计是高职教育会计专业中的主干专业课程之一。本课程内容结构稳定，实务性和实用性强，在确认、计量成本费用事项，计算产品生产成本上有较高的技术要求。在高职会计专业中，成本会计课程的开设，主要是构架学生较为完整的会计专业能力链，拓宽学生较为扎实的会计从业功力。学习成本会计，必须把握三个主题：一是成本会计的内容结构体系、能力要求体系和方法技巧体系；二是成本核算的岗位职责和成本费用核算的账务处理流程；三是对企业生产经营中基本的成本费用事项，按照成本核算的操作要领较为熟练地进行确认、计量和核算。新会计准则的颁布与实施，对成本会计教学内容的组织及其教材建设都提出了新的要求。《成本会计教程》及其《成本会计全程系统训练》教材是根据2007年1月1日起实行的最新会计准则，结合我国成本会计理论与实践的发展实际研制而成的。

《成本会计教程》及其《成本会计全程系统训练》是为高职会计专业成本会计课程教学需要而研制开发的专门教材。《成本会计教程》主要介绍成本费用的横向分配、纵向分配、产品成本的计算、成本报表及特殊行业的成本核算的内容与方法，侧重于成本会计业务流程及其处理。《成本会计全程系统训练》是学习《成本会计教程》的配套教材。本教材立足于通过具体的业务素材、岗位角色等构建的成本核算仿真环境，按照规范的要求进行操作训练，将成本会计的知识、方法内化附着为赖以从业的成本核算能力。

在《成本会计教程》及其《成本会计系统全程训练》教材的研制中，我们按照行动导向标准的要求，构架布局教材的章节体系，遵循唯实、唯精的原则，优化整合教材的结构内容，使教材凸显了以下“三实”特色：

(1) 内容新颖，紧贴实际。教材对接了新会计准则、会计制度对会计从业人员的新要求，融合了会计业界对成本会计实务处理上的最新成果，集萃了成本会计实务的核心精华和操作要领。

(2) 体例活泼，简洁实用。教材结构直观，主干突出，体例简洁活泼，每章均列举了许多的小思考、小练习，对教师组织教学，对学生理解和操作成本会计实务都有很大的帮助。

(3) 注重操作，突出实务。教材注重了高职教育人才培养规格的定位取向和职业能力的定位取向；注重了学习对象建立成本会计核算流程框架、处理成本费用事项的计量确认记录以及运用会计信息理财等程序性指南和实际运用能力的递进性演练；注重了教材组织结构、内容体系上的简洁与实用。

《成本会计教程》由周军副教授、李光富副教授、章伟舟注册会计师担任主编，石兰东、刘彩霞、王利红担任副主编。本教材研制大纲由周军主编拟定，主编、副主编参与讨论、修改和完善。第一章由周军、章伟舟执笔，第二章由李光富执笔，第三章由周军、陶杰执笔，第四章由王小妹执笔，第五章由周军、石兰东执笔，第六章由王利红、操小龙执笔，第七章由刘彩霞执笔，第八章由李光富、蒋昌维执笔。本教材由周军主编负责对各章内容的修订和整体总纂，最后，由教材全体研制人员集体定稿。

本教材在研制、撰写及出版过程中，参考了许多文献资料和成果，在此一并致以诚挚的感谢。

教材中难免有不妥之处，恳请广大读者批评指正。

高职高专“十一五”规划教材

《成本会计教程》
《成本会计全程系统训练》研制组

2008年1月

目　　录

第一章　成本会计概述

【学习提示】　成本会计是以产品或劳务的生产成本和企业的期间费用为对象的一种会计活动，明确成本的经济实质、界定成本核算的基本范围、理顺成本会计的总体流程、建立成本会计机构，配备成本会计人员、制定成本会计制度是搞好成本会计工作的前提和基础，也是本章学习必须掌握的主要内容。

第一节　成本及作用

一、成本的含义

成本是会计理论中一个重要的经济概念，它是在商品生产发展到一定的阶段之后才逐步形成和完善起来的。在市场经济条件下，成本是企业竞争力高低的重要表现，也是现代企业管理的重要内容。正确理解成本的含义，是学习成本会计必须掌握的基本理论问题。

成本是一种耗费，是企业生产经营过程中用于劳动手段、劳动对象和劳动者等生产要素上的劳动耗费的货币总和，具体表现为企业一定的人力、物力和财力的消耗。成本的概念包含了两层含义，一是广义的成本，二是狭义的成本。广义的成本是生产耗费的货币表现，是企业生产经营过程中的所有耗费；而狭义的成本则是企业为生产产品、提供劳务而发生的各种耗费。

企业为生产产品而发生的耗费就是产品成本，是企业为了生产一定种类和数量的产品而发生的生产耗费。正确理解产品成本的概念，可以从耗费和补偿两个方面考察：从耗费角度看，它是生产过程中劳动的消耗，是生产过程中所消耗的物化劳动与活劳动的价值的货币表现，构成成本的内涵；从补偿角度看，它是资本消耗的价值补偿，是补偿商品生产中资本消耗的价值尺度，构成成本的价格。

当然，成本是一个发展的概念，随着社会经济的发展，成本的概念和内涵也在不断发展和变化，人们所感受到的成本的范围在不断地扩大，质量成本、差别成本、机会成本、边际成本、战略成本和环境成本等众多新型的成本范畴已经进入了人们的视野，成为经济管理中重要的成本概念。

二、成本的经济实质

市场经济条件下，成本是作为一个经济范围而客观存在的，加强成本管理，降低成本水平，无论是对提高企业的微观经济效益，还是对提高整个社会的宏观经济，都是十分重要的，因此从理论上充分认识成本的经济实质是很有必要的。

（一）理论成本

理论成本是运用马克思的成本价值理论从成本的耗费和补偿的角度对成本进行的分析。

在商品经济时代，马克思指出：按照资本主义生产方式生产的每一个商品W的价值，用公式表示是 $W=C+V+M$，如果我们从这个商品的价值中减去剩余价值M，那么，在商品剩下的，只是一个生产要素上耗费的资本价值 $C+V$ 的等价物或补偿价值。商品价值的这个部分，即补偿所消耗的生产资料价格和所使用的劳动力价格的部分，只是补偿资本家自身耗费的东西，所以对资本家来说，这就是成本价格。马克思称为商品的“成本价格”的那部分商品价值，指的就是产品成本。在这里，马克思从耗费的角度指出成本是由物化劳动和活劳动中必要劳动的价值组成的；也从补偿的角度指出成本是补偿商品生产中使资本家自身耗费的东西。这就从理论上给成本以完整的概念。

在市场经济条件下，商品的价值仍然决定于它在生产中所耗费的必要劳动，它由三个部分组成：一是已消耗的生产资料的价值转移（C），二是劳动者为自己的劳动所创造的价值（V），三是劳动者为社会劳动所创造的价值（M）。其中 $C+V$，即商品价值中物化劳动转移价值和活劳动中必要劳动所创造的价值的货币表现，就构成了商品的理论成本。

综上所述，成本的经济实质从理论上讲就是：生产经营过程中所耗费的生产资料转移的价值和生产者通过自己的劳动所创造的价值的货币表现。

（二）实际成本

实际成本也叫现实成本，是根据现行的财务法规和会计制度对成本内容所进行的界定。

理论成本虽然从理论上说明了成本的经济实质和它所包括的客观内容，但这种理论成本只是对正常的物化劳动和活劳动的消耗进行的计量，没有考虑到现实的生产经营活动中的偶然因素和异常情况的消耗，所以与现实是有一定的差距的。实际工作中，对成本的确定，除考虑理论成本外，还应考虑宏观上政策方针和微观上企业管理的需要，对成本的构成内容和开支范围进行规范，这种规范是由国家通过有关法规和制度，主要是成本开支范围来确定的。

综上所述，实际成本是通过成本开支范围来界定其构成和范围的成本。

（三）理论成本与实际成本的区别

理论成本和实际成本共同反映了成本的经济实质，阐述了成本所包含的经济内容，但这二者在构成内容和范围上是有差别的，这种差别主要表现在损失性费用和期间费用的处理上。

1. 在损失性费用的处理上，实际成本中包括损失费用，而理论成本不包括

生产经营过程中的废品损失和停工损失等非生产性的支出，从实质上来看，它是一种纯粹的损耗，并不形成产品的价值，无论是从耗费的角度，还是从补偿的角度，从其性质而言都不属于成本的范围，但是考虑到经济核算的要求，在成本构成内容上还是将其作为一个构成项目，计入了成本之中，使之得到了必要的补偿。因此，从成本构成内容上来看，实际成本包括了不形成价值的生产损失，理论成本则不包括这种损失。

2. 在期间费用的处理上，实际成本是不完全成本，而理论成本则是完全成本

管理费用、营业费用和财务费用，是企业生产经营过程中所发生的耗费，是理论成本的重要组成部分，实际成本是产品制造过程中所发生的耗费，不包括期间费用。因此，从成本的构成范围上来看，实际成本是制造产品发生的成本，是一种不完全成本，而理论成本则是完全成本。

想一想

区分理论成本与实际成本有什么现实意义？

三、成本的作用

（一）成本是补偿生产耗费的尺度

要使企业再生产过程连续不断地进行，就必须对生产过程中的耗费进行补偿。在市场经济条件下，企业作为一个自负盈亏的商品生产者和经营者，其生产耗费是用其销售收入来补偿的，而成本就是衡量这一补偿份额大小的尺度。企业在取得销售收入后，必须把相当于成本的数额划分出来，用以补偿生产经营中所发生的耗费，只有这样，才能维持简单再生产。

（二）成本是综合反映企业工作质量的重要指标

成本是反映企业生产经营管理工作质量的综合指标，企业经营管理中各方面工作的好坏，都可以直接或间接地在成本上反映出来，比如机器设备的利用是否充分，材料物资的消耗是否节约，生产工艺的设计是否合理，供产销各环节是否顺畅，劳动生产率的高低，产品设计的好坏等，都会对成本产生影响。

（三）成本是制定产品价格的重要因素

市场经济条件下，产品价格是产品价值的货币表现，它以价值为基础，并围绕价值上下波动，在现实的市场经济中，产品价格的制定要根据国家的经济政策、产品的比价关系、市场竞争情况、社会供求关系和成本等因素来综合确定，其中，成本是产品价格制定的最低经济界限，一般情况下，产品的价格不能低于产品的成本水平，否则企业就不能补偿生产过程中的消耗，保证企业再生产的进行，因此说产品成本是制定产品价格的重要因素。

（四）成本是企业经营决策的重要依据

在市场经济条件下，企业要在激烈的竞争环境下立足，并获得生存和发展的契机，就必须根据市场需要和自身经营状况，作出果断、正确的决策，当企业根据决策目标，从各种备选方案中选择最优方案时，虽然有许多因素需要考虑，但成本是其中必须考虑的主要因素之一。因为对决策方案的分析和评价都离不开成本—效益分析，而产品成本是效益分析的基础，它为决策提供重要依据。

第二节　成本会计的内容

一、成本会计的对象

（一）成本会计的含义

成本会计是以成本费用为对象的专业会计，从成本会计的理论体系来看，成本会计开始属于财务会计体系，主要是从财务会计理论来研究成本计算，确定并核算存货及销售成本，并纳入会计账簿体系；到了近代，随着标准成本制度和成本预算制度的采用，对生产过程的成本控制日渐成熟，成本会计具备了完整的理论与方法，逐渐成为一门独立的学科；随着经营管理的发展，成本的概念更加广泛，成本会计的范围更加开阔，逐步向经营型成本会计发展，形成了企业会计中财务会计、成本会计和管理会计的三分局面。财务会计提供经营成果、财务状况及其变动信息，成本会计提供成本及其相关信息，管理会计提供计划、控制等内部管理信息，它们构成企业的会计信息系统。

现代成本会计是对企业生产经营活动过程中所发生的成本，按照成本最优化的要求，有组织、有系统地进行预测、决策、控制、分析与考核，促使企业提高经济效益的一种会计。

（二）成本会计的对象

成本会计的对象就是成本会计所反映和监督的内容，是企业在经济活动过程中发生的各种耗费。本书主要是从制造企业的角度对成本会计的对象和内容进行相关说明和介绍，从制造企业来看，成本会计的对象是企业生产过程中发生的耗费和企业经营过程中发生的支出，具体地说即产品的生产成本和期间费用。

当然，研究成本会计的对象，首先必须理解企业经济活动中的各种耗费，对耗费的层次性概念即支出、费用和成本及其相互关系形成正确的认识。

二、支出、费用与成本

（一）支出、费用与成本

1. 支出

支出是会计主体在经济活动中所发生的所有的耗费。就制造企业而言，它包括：

（1）资本性支出。指为取得包括本期在内的以后若干期收益而发生的支出。即耗费的发生不仅与本期收入有关，更与后期收入有关。这种支出通常形成企业的长期资产，如购置固定资产、取得无形资产等。

（2）收益性支出。指为取得本期收益而发生的支出。这种支出通常由本期收益来补偿，如企业生产经营过程中发生的材料消耗、工资支出和管理开支等。

（3）投资性支出。指让渡本企业资产的支出。这种支出是通过对外投资、让渡资产的使用权来进行的，如股票投资、债券投资等。

（4）所得税支出。指根据税法规定计算缴纳给国家的所得税金。这种支出作为所得税费用直接冲减当期收益，可表现为当期的费用。

（5）营业外支出。指与企业的生产经营业务没有直接联系的支出，如企业支付的罚款、违约金、赔偿金、赞助费和非常损失等。

（6）利润分配支出。指企业利润分配过程中发生的开支，如企业支付的现金股利等。

2. 费用

费用是企业为销售产品、提供劳务等日常经济活动所发生的经济利益的流出。分为生产费用和期间费用。

（1）生产费用。生产费用是企业一定时期为生产产品而发生的各项支出，是与产品生产相关的劳动耗费。如生产产品而消耗的材料、支付的生产工人工资和车间组织产品生产的直接管理费用等。具体内容将在第三章进行具体说明。

（2）期间费用。即经营管理费用，是企业一定会计期间为生产经营的正常而发生的各项支出，是与企业的销售、经营和管理活动相关的劳动耗费。包括销售费用、管理费用和财务费用，它们是企业支出的主要部分，通常由收益性支出和资本性支出转化而来。

3. 成本

成本是企业生产经营过程中发生的耗费。有广义和狭义之分，广义的成本即费用，狭义的成本则指产品成本。

（二）支出、费用与成本的关系

1. 三者关系说明

支出、费用与成本是企业耗费的三个概念，具有一定的层次性和交叉重叠性，支出是经济活动中的所有耗费，费用是与生产经营相关的支出，产品成本是对象化的生产费用。其关系如图 1-1 所示。

- 支出
  - 资本性支出
  - 收益性支出
    - 生产费用（对象化——产品成本）
      - 直接材料费用
      - 直接人工费用
      - 制造费用
    - 期间费用
      - 销售费用——与销售相关支出
      - 管理费用——与管理相关支出
      - 财务费用——与资金相关支出
  - 投资性支出
  - 所得税支出
  - 营业外支出
  - 利润分配支出

图 1-1 支出、费用与产品成本关系图

想一想

所得税支出是否可表现为当期的费用？为什么？从数量上来看，费用的数额由哪些部分构成？

2. 生产费用与产品成本

生产费用与产品成本是一对既有联系又有区别的概念。首先，产品成本是对象化的生产费用，产品成本是相对于一定的产品而发生的费用，是按照产品品种等成本计算对象对当期发生的生产费用进行归集而形成的，因此生产费用的发生过程同时也是产品成本的形成过程，生产费用最终将形成为产品成本，即生产费用是产品成本的计算基础，产品成本是生产费用的最后归属。其次，生产费用是指一定期间为进行生产而发生的费用，并与一定的期间相联系；而产品成本则是为生产一种或几种产品而消耗的生产费用，它与一定种类和数量的产品相联系。

成本会计的对象就是企业的费用和成本，本教材将着重从生产费用和产品成本的角度对成本会计的基本理论和会计处理进行具体的阐述和说明。

三、成本会计的内容

成本会计的内容是成本会计对象的具体化，从制造企业来看，企业生产经营循环过程中各种费用的支出和产品成本的形成，以及生产经营过程中发生的期间费用都是成本会计的内容。具体地说应该包括：（1）企业供应过程中材料成本的归集、分配、计算与核算；（2）企业生产过程中生产费用的发生、归集与分配，产品成本的计算与核算；（3）企业销售过程中产品销售成本计算与核算；（4）企业在生产经营过程中发生的期间费用；（5）成本报表的编制与分析。

需要说明的是：供应过程中的材料成本、销售过程中的销售成本、生产经营过程中的期间费用等内容，安排在会计系列其他相关教材内进行阐述，本教材主要就各个行业生产过程中各种生产费用的支出和产品生产成本的形成，以及成本报表的编制等内容进行分析和说明。

第三节　成本会计的职能

成本会计的职能是成本会计所具有的内在功能。随着企业经营管理要求的提高、成本会计内容的不断完善，成本会计的职能也在不断发展。现代成本会计包括成本预测、成本决策、成本计划、成本核算、成本控制、成本分析和成本考核等七项职能。

一、成本预测

成本预测是依据成本相关数据与各种技术经济因素的依存关系，运用预测理论，采用一定的程序、方法和模型，对未来时期的一定产品或某个项目、方案的成本水平及其变动趋势作出科学的估计和测算。通过成本预测，可以减少经营活动中的盲目性，有利于选择最佳方案，挖掘降低成本、费用的潜力。

成本预测是进行成本决策、编制成本计划和实施成本控制的基础。在进行成本决策时，进行各种不同方案的成本预测，可为选择最优的成本方案提供依据；在编制成本计划时，进行目标成本的预测，拟定计划期成本降低方案，可使成本计划建立在科学的基础之上；在生产过程中，根据生产计划，对成本水平的发展趋势与结果进行预测，能为实施成本控制提供及时、有效的信息。

二、成本决策

成本决策是指在成本预测的基础上，运用决策理论和方法，对若干个与经营活动成本有关的方案进行比较分析，从中选择最优方案并确定目标成本的过程。进行成本决策、确定目标成本是编制成本计划的前提，也是事前成本控制、提高经济效益的重要途径。成本决策贯穿于整个生产经营过程之中，如目标成本的确定、生产批量的选择、新产品设计、老产品的改造、材料下料方案、零部件的自制外购等决策都与成本决策相关联。因此在成本管理的各个环节，都应该选择最优的成本方案，才能达到总体最优，提高企业的整体经济效益。

三、成本计划

成本计划是根据成本决策所制定的目标成本，具体规定在计划期内完成生产经营任务所需支出的成本、费用，确定各个成本对象的成本水平，并提出为达到目标成本所应采取的各种措施。成本计划反映了计划期的生产耗费和产品成本水平，是降低成本、费用的具体目标，也是进行成本控制、成本分析和成本考核的凭据。通过成本计划的管理，可以在降低成本费用方面给企业提出明确的奋斗目标，促使企业加强成本管理责任制。

四、成本核算

成本核算是指对生产经营活动中实际发生的成本、费用按照一定的对象的标准进行归集和分配，并采用适当的成本计算方法，计算出各对象的总成本和单位成本，并进行会计核算处理的活动。

成本核算是成本会计的基本职能，也是成本会计的核心工作。它是对生产经营过程中各种费用的支出和产品生产成本的形成而进行的会计处理。成本核算的过程，既是对生产过程中各种产品的实际耗费进行如实反映的过程，也是对生产过程中各种劳动耗费的实际支出实施控制的过程。通过成本核算提供的资料，将实际成本资料与计划成本资料比较，可以反映和考核成本计划的完成情况，同时通过成本计划完成过程中经验与不足的分析和总结，又为编制下期成本计划、进行未来的成本预测和成本决策提供依据。

五、成本控制

成本控制是依据成本计划，对成本计划实施过程中的各种因素加以控制和监督，以保证成本计划得以实施的一种管理活动。从企业的经营过程来看，成本控制包括产品的事前控制、事中控制和事后控制三个阶段。事前成本控制是指从建厂、扩建、改建以及新产品设计、研制和老产品的改造，直到产品正式投产前所进行的一系列降低成本的活动；事中成本控制包括从安排生产计划、采购原材料、生产准备、进行产品生产，直到产品完工入库这一整个过程的控制；事后成本控制是指从产品完工入库到产品出售这一环节的控制。

六、成本分析

成本分析是在成本核算及其他有关资料的基础上，运用一定的方法，揭示产品成本构成及水平的变动情况，研究成本变动的因素和原因，以采取有效措施，挖掘降低成本潜力的活动。成本分析的主要内容包括全部产品成本计划完成情况分析、可比产品成本计划完成情况分析、单位产品成本分析、生产费用预算执行情况分析和主要经济技术指标变动对成本的影响分析等。通过成本分析，可以为成本考核提供依据，为未来成本的预测和决策以及编制新的成本计划提供资料。

七、成本考核

成本考核是依据成本核算资料，定期对成本计划指标完成情况进行的总结和评价。成本考核一般是以部门、单位或个人为对象，按其可控成本为条件，以责任的归属来考察其成本指标完成情况，评价其工作和决定其奖惩。因此成本考核应当与奖惩制度相结合，根据成本考核的结果进行奖惩，以充分调动企业职工执行成本计划、提高经济效益的积极性。

上述成本会计的职能也可以说是成本会计的七个工作环节，是企业从事成本会计工作时所运用的一系列方法，它们相互联系、相互补充，共同构成成本会计工作的有机整体。在这一体系中，成本核算是成本会计最基本的职能和最核心的内容，因为成本预测、决策与计划必须以过去的成本核算所提供的资料为依据；成本控制只能依据成本核算的信息才能实施具体的控制措施；而成本分析和考核更需要成本核算所提供的成本数据资料作支撑。可以说没有成本核算就没有成本会计。因此本教材只对成本核算进行讲述，而对于成本的预测、决策、计划、控制、分析与考核等属于成本管理范畴的内容将不予说明。

第四节　成本会计的工作组织

搞好企业的成本核算工作，必须有效地加强和组织成本会计工作，包括建立高效的成本会计机构，配备必要的成本会计人员，制定有效的成本会计制度等。

一、成本会计机构设置

成本会计机构是负责组织领导和从事成本会计工作的职能部门，是企业会计机构的重要组成部分。它是企业实施成本管理的组织保证，也是进行成本核算的重要条件。建立成本会计的组织机构，既要考虑企业生产类型的特点、经营规模的大小，又要考虑成本管理的要求，适应成本会计工作的内容和目标。成本会计机构可以单独设置，也可以并入企业会计机构之中。在大中型制造企业，通常在厂部专设的会计机构中单独设立成本会计科，并在各生产车间设置成本会计组，专门从事成本会计工作；在小型制造企业，通常在专设的会计机构中设置专职的成本核算员，负责处理成本会计相关事宜。

企业内部各级成本会计机构之间，按照组织分工方式的不同，分为集中核算和分散核算两种组织方式。

（一）集中核算

集中核算方式是指企业成本会计工作中的核算、分析、计划编制等都集中在厂部成本会计机构中统一进行，车间和其他单位的成本会计机构和人员只负责登记原始记录和填制原始凭证，并对它们进行初步的审核、整理和汇总，为厂部的成本会计工作提供资料。在这种方式下，厂部成本会计机构能够比较及时地掌握企业成本费用的全面信息，便于集中使用电子计算机进行成本数据的处理，还可以减少成本会计工作的机构层次和人员数量；但它不便于实现责任成本核算，直接从事生产经营活动的单位和个人不能及时掌握本单位的成本信息，因而不利于调动其自我控制成本和费用的积极性。

（二）分散核算

分散核算方式是指将企业成本会计工作中的核算、分析、计划编制等分散到车间和其他单位，由其成本会计机构和人员分别进行。厂部的成本会计机构负责对各车间和其他单位的成本会计机构和人员进行业务上的指导和监督，并对全厂的成本会计信息进行综合的核算和分析。其优点与不足正好与集中核算相反。

集中核算方式一般适用于中小型企业，分散核算方式一般适用于大中型企业，实际过程中，为了扬长避短，也可以在一个企业中将两种方式结合运用，即对某些单位采用分散核算方式，而对另一些单位则采用集中核算方式。

二、成本会计人员配备

成本会计人员是指专门从事成本会计工作的专业技术人员。企业的成本会计人员应在企业总会计师或会计主管人员的领导下，认真执行企业会计制度和成本管理制度，负责组织和处理企业的各项成本会计业务。

成本会计人员的配备要适量并胜任。适量是要根据企业规模的大小、业务的繁简在成本会计机构中配备适当数量的人员，胜任就是配备的成本会计人员要具有一定业务水平和业务能力。作为一个合格的成本会计人员，首先应该具备会计从业资格和相应的会计专业任职资格，具备与所从事的会计工作相适应的专业知识和业务能力；其次要熟悉和执行国家的政策和法规，热爱会计工作，精通会计业务，遵守职业道德；再次要熟悉企业的生产工艺过程和组织形式的特点，具有一定的生产技术知识，能将生产与管理、技术与经济有机结合起来。

成本会计人员的配备应该是多层次的，除厂部和生产车间配备专职的成本会计人员，搞好成本核算，参与成本管理外，在生产班组内，也可以设置兼职核算员，开展班组核算。班组核算主要负责登记原始记录，填制原始凭证，并对原始资料进行初步的审核、整理与汇总，提供与产品成本计算有关的基础的原始资料。

三、成本会计制度的制定

成本会计制度是组织和从事成本会计工作必须遵循的规范，是企业会计制度的重要组成部分。企业成本会计制度包括两个方面，即统一制度和内部制度。统一制度是国家为统一企业会计核算口径，规范企业会计核算方法而制定的全国性的会计法规制度，是企业成本会计应该遵循的制度，包括“一法、二则、三制度”，即会计法，企业会计准则与企业财务通则，企业会计制度、金融保险企业会计制度和小企业会计制度三个法规层次，是制定企业内部成本管理制度的基本依据。内部制度是以统一制度为指导，适应企业生产类型和成本管理的具体要求而制定的、规范本企业成本会计工作的基本规范，是进行成本会计工作的操作依据。

从制造企业来看，企业成本会计制度一般包括以下具体内容：成本计划的编制方法、成本核算制度、成本预决策制度、成本控制制度、成本分析制度、成本报表制度、责任会计制度等。其中成本核算制度是成本会计内部制度的重点内容，包括确定成本计算对象、选择成本计算方法、设置成本明细账及成本项目、生产费用的归集与分配、产品生产成本的计算程序、生产成本在完工产品与在产品之间的划分等。上述各项成本会计制度，一部分由财政部统一制定（如成本项目、生产成本总账、主要业务收支明细表等），以便进行汇总，这一部分制度，企业必须严格执行；其他部分由企业自行制定，但它们必须符合国家关于成本管理的相关规定的要求。

想一想

在企业，应如何组织好它的成本核算工作？

第二章 成本核算基础

【学习提示】 遵循成本核算原则，划清成本费用界限，设置账务处理科目，理顺会计处理程序，是本章内容所描述的基本原理，也是成本核算的基本要点。能够合理区分费用种类，按照成本计算的流程和成本核算的要求进行成本核算，是学习本章内容所要达到的基本目标。

第一节 成本核算的基本要求

一、遵循核算基本原则

企业要提高成本核算质量，必须遵循成本核算的基本原则。成本核算的基本原则主要包括：

（一）合法化原则

合法化原则，是指计入成本的费用必须符合国家法律、法令、制度等规定。不符合规定的费用不能计入成本，如属于增加固定资产而发生的各种资本性支出，应作为固定资产的增加，不能直接计入成本。

（二）权责发生制原则

企业的成本核算是建立在权责发生制基础之上的。权责发生制要求：凡是应由本期成本负担的费用，不论是否支付，都要计入本期成本；凡不应由本期成本负担的费用，即使在本期已经支付，也不能计入本期成本。例如，预提机器修理费用，虽未支付，但机器将来的维修与目前的使用有关，所以应将本期预提的修理费计入本期产品成本；预付租入生产设备下一个季度的租金，虽然在本期支付，但其与下一个季度的产品生产有关，不应由本期产品成本负担。

（三）按实际成本计价原则

成本核算按实际成本计价，主要是指两个方面的内容：一是对生产所耗用的原材料、燃料、动力和折旧等费用，都要按实际成本计价；二是完工产品成本要按实际成本计价。

（四）配比原则

为确认某一会计期间的主营业务利润，除需确定本期主营业务收入外，还应确定应由本期成本负担的费用，将费用和相应的收入配比。即为实现本期收入而发生应由本期成本负担的费用，不论是否已经支付，都要计入本期成本；凡不是为实现本期收入所发生不应由本期成本负担的费用，虽然在本期支付，也不应计入本期成本。

（五）可靠性原则

可靠性原则包括真实性和可核实性。真实性是指提供的成本信息与实际发生的经济事项要一致；可核实性是指成本核算资料按一定原则由不同的会计人员加以计算，其结果都应相同。

（六）一致性原则

一致性原则，是指成本核算采用的方法前后各期必须一致，使各期的成本资料有统一的口径。

（七）重要性原则

重要性原则，是指对产品成本中的重要内容应单独设立项目反映，力求准确；对次要的内容则简化核算或与其他内容合并反映。

二、划清成本费用界限

为了正确计算产品成本和期间费用，必须正确划分成本费用界限。

（一）正确划分应计入成本费用和不应计入成本费用的界限

企业的经营活动的广泛性决定了费用开支内容的多样性。企业对发生的各种支出，首先要分清是费用性支出还是非费用性支出，以防止乱挤成本、乱列支出。如前所述，企业支出可分为六大类，其中，收益性支出属于费用性支出，形成当期的生产费用与期间费用；资本性支出、投资性支出、所得税支出、营业外支出和利润分配性支出属于非费用性支出，不构成当期的成本和费用。

（二）正确划分应计入生产费用和期间费用的界限

企业发生的费用性支出，必须根据其经济用途分清是生产费用还是期间费用。哪些费用应该计入产品成本和期间费用，哪些不计入，国家都有规定，这种规定叫做成本开支范围，它界定了成本开支的范围，是企业必须严格执行的重要财经制度和财经纪律。任意扩大或缩小成本、费用开支范围，多计或少计成本、费用，不仅是破坏国家财经纪律的非常行为，而且造成成本数字不实，从而不利于企业的经营管理。

（三）正确划分本期成本费用和下期成本费用的界限

为了按月分析和考核产品成本和期间费用计划和完成情况，每个企业都必须按月结算费用，计算产品成本和期间费用。为此，还应将计入产品成本和期间费用的费用，划分为应由本月负担的费用和应由以后各月负担的费用；应由本月产品成本和期间费用负担的费用，应该全部计入本月产品成本和本月期间费用；本月发生，应由以后各月产品成本和期间费用负担的费用，应该记做待摊费用，分配计入以后各月产品成本和期间费用；本月虽然尚未发生，但应由本月产品成本和期间费用负担的费用，应作为预提费用，预先分配计入本月产品成本和期间费用，即按照权责发生制原则，正确划分各个月份的费用界限。要注意防止利用待摊和预提的方法，任意调剂各月费用的错误做法。

（四）正确划分各种产品的费用界限

在生产多种产品的企业，为了分析和考核各种产品成本计划的完成情况，必须分别计算各种产品的成本。为此，应由本月产品成本负担的生产费用，还必须在各种产品之间进行划分。凡能分清应由某种产品负担的费用，应直接计入这种产品成本；分不清应由哪种产品负担的费用，即各种产品共同发生的费用，则应采用既较合理又较简便的方法，分配计入各种产品成本。在划分各种产品的费用界限时，特别要注意划清盈利产品与亏损产品，可比产品与不可比产品之间的费用界限。要防止在这些产品之间任意增减费用，借以掩盖成本超支，或以盈补亏、弄虚作假的错误做法。

（五）正确划分完工产品和在产品的费用界限

月末，将各项生产费用计入各种产品之后，如果该种产品已全部完工，那么，计入这种产品的生产费用就是该种产品的完工产品成本。如果该种产品全部未完工，那么，计入这种产品的生产费用就是该种产品的在产品成本。如果该种产品既有完工产品又有未完工的在产品，那么计入这种产品的生产费用，还应采用适当的分配方法在完工产品与月末在产品之间进行分配，以便计算完工产品成本和月末在产品成本。要防止任意提高或降低月末在产品费用，人为地调节完工产品成本的错误做法。

综上所述，划分成本费用界限的过程，也就是计算产品成本和期间费用的过程；费用划分是否正确，直接影响产品成本计算的准确性。检查和评价成本计算工作是否正确、合理，也是主要看上述几个方面的费用界限划分得是否正确、合理。

想一想

划分成本费用的五大界限对正确计算产品成本具有什么意义？

三、确定计价结转方法

企业在生产经营中耗用的财产物资的价值要按照受益的原则转移到产品成本和期间费用中。因此，这些财产物资的计价和价值结转方法，也会影响成本、费用。企业财产物资计价和价值结转方法主要包括：固定资产原价的计算方法，不同折旧方法的运用；固定资产与低值易耗品的划分标准，低值易耗品的摊销方法的选择；材料采购成本的构成内容，材料按实际成本计价进行核算发出材料单位成本的计算方法，材料按计划成本计价时材料成本差异率的计算等。为了正确地计算成本、费用，对于这些财产物资的计价和价值结转的方法应既要合理，又要简便，同时要保持相对稳定，以保证成本信息的可比性。

四、做好成本核算的基础工作

为了保证产品成本核算的质量，达到对产品成本进行正确计划、控制、分析的目的，就必须做好产品成本核算的基础工作。成本计算正确与否，取决于以下基础工作的扎实程度。

（一）健全的原始记录制度

原始记录是企业经营进行客观反映所作的最初的记载，是为成本计算提供计算数据的主要方式。与成本有关的原始记录按其反映的内容主要有：（1）反映材料物资的原始记录；（2）反映产品的原始记录；（3）反映固定资产的原始记录；（4）反映劳动消耗的原始记录。

（二）完善的计量验收制度

要使原始记录正确，必须有完善的计量验收制度，对企业材料物资的收发都要计量、验收和办理必要的凭证手续。利用一定的计量器具对各种材料物资进行测量，准确计算其数量，并对品种、规格、数量进行核实；对各种材料物资的收发和转移进行数量和质量的检验和核实，确认实物与发票是否相符。对材料物资的收发、领退，在产品、半成品的内部转移，以及产成品的入库等，均应填制相应的凭证，办理审批手续，并严格进行计量与验收。

（三）先进的定额管理制度

先进而可行的定额，是对产品成本进行预测、审核、控制和考核的依据。根据定额计算的定额耗用量或定额费用还常常被作为分配实际成本（或费用）的标准。与成本核算有关的消耗定额，主要包括有关劳动消耗的定额（如工时定额、产量定额等），有关材料、燃料、动力、工具消耗的定额，有关费用的定额（如车间、厂部经费等间接制造费用预算）等。这些消耗定额作为企业产品生产发生耗费应遵守的标准，服务于不同的成本管理目的，可以表现为不同消耗水平。编制成本计划，应采用根据计划期内平均消耗水平所制定的定额，分配实际成本的标准，应以体现现行消耗水平的定额为依据；为了实现预期利润而控制成本，应根据企业实现预期利润必须达到的消耗水平作为衡量尺度。成本会计人员应积极配合生产技术、劳动工资、设备动力等部门制定各种消耗定额，参与测算，使定额成为企业实现良好经济效益的有效手段。企业还应根据生产的发展、技术的进步、劳动生产率的提高，不断修订定额，以保持定额的先进、可行，充分发挥定额管理的作用。

（四）合理的内部结算价格制度

企业内部各单位之间在生产经营过程中常会相互提供产品、材料、劳务等，为了加强企业内部的经济核算，各责任单位之间进行相互结算或相互转账时，必须选用的计价标准就是内部结算价格或内部转移价格。确定合理的内部结算价格，是正确评价企业内部各责任单位工作成果的重要环节。制定内部结算价格的依据，一般包括以下几个方面：

（1）内部转移的材料物资等，通常以当时市场价格作为内部结算价格；

（2）材料物资、劳务等，也可在市场价格的基础上，以双方协商确定的价格作为内部结算价格；

（3）企业生产的半成品、产成品等在内部转移时，可以用标准成本或计划成本作为内部结算价格；

（4）在计划成本或定额成本基础上，加上一定的利润作为内部结算价格。

（五）合适的成本核算组织形式

根据工业企业生产规模的大小和核算力量的强弱，选择相适应的成本核算组织形式，是搞好成本核算工作的重要一环。成本核算方式可分为集中核算和分级核算两种。集中核算方式是指把全厂的成本核算工作集中在厂部财会部门进行，称为一级成本核算。生产规模不大的小型企业可采用此种方式。分级核算方式是指厂部、车间（分厂）分别进行成本核算，称为两级成本核算。实行分级核算形式，便于车间或分厂了解本车间或分厂费用的发生和成本升降情况，进一步调动成本管理工作的积极性，便于经济责任制的推行。在有条件的大中型企业，应划小核算单位，使成本核算与以责、权、利相结合的经济责任制紧密相结合，开展责任成本核算。财会部门是进行成本核算工作的职能部门，无论是集中核算还是分级核算，对成本核算工作都负有重大责任。

五、确定成本计算方法

选择适当的成本计算方法，费用经过归集汇总后，就要计算产品成本。成本计算方法要根据企业生产的特点和管理上的要求来选择。企业生产的特点按其组织方式，有大量生产、成批生产和单件生产；按其工艺过程的特点，有装配式生产和连续式生产。企业采用什么成本计算方法，在很大程度上是由产品的生产特点来决定的。生产类型与成本计算方法的关系，主要表现在成本计算对象的确定、费用的归集及计入产品成本的程序、成本计算期的确定、产品成本在产成品和在产品之间划分等方面，这四方面称为成本计算的因素，这四个因素就构成各种不同的成本计算方法。

选择适当的成本计算方法，对正确计算成本十分重要，是正确进行成本核算的要求。成本核算一般有品种法、分批法、分步法等。

第二节　成本核算的基本程序与账务处理

一、成本核算的基本程序

成本核算的基本程序就是根据成本核算的要求，按照成本计算对象，将企业在生产经营过程中发生的各项费用，逐步进行分配和归集，最后计算出各种产品的生产成本和各项期间费用的工作过程。这一过程包括如下内容：

（一）确定成本核算的对象与期间

做好成本核算，首先要做好成本核算的基础性准备工作，这些工作包括：

1. 确定成本计算对象

成本计算对象，就是费用承担的载体，是进行成本计算的前提。制造业的成本计算对象就是各种产品（品种、批别、生产步骤）和各种期间费用。成本计算对象的确定是设置明细账、归集费用、计算产品生产成本和期间费用的前提。

2. 确定成本计算项目

成本计算项目就是成本列支的具体项目。通过成本项目可以反映成本的经济构成和费用的耗费情况。产品成本项目的确定可以根据企业的实际需要在三个基本项目的基础上进行必要的调整；期间费用项目则可以根据当前情况确定为管理费用、营业费用和财务费用等。

3. 确定成本计算期间

成本计算期是指成本计算的间隔时间。产品成本计算期的确定要根据生产组织的特点来确定，可能与会计期间一致，也可能与产品的生产周期一致；而期间费用的计算期间则与会计期间保持一致。

（二）审核、归集和分配生产费用

在做好基础工作之后，就要处理企业发生的各项费用，这项工作包括对费用的审核、归集和分配三个方面。对企业生产经营过程中发生的各项费用支出，首先要根据有关的法规、制度和成本、费用开支范围，进行严格的审核和控制，确定费用应不应该开支；应开支的费用，应不应该计入产品成本和期间费用。其次，将应该计入的费用，按产品成本项目和各种期间费用的费用项目，根据受益原则，直接计入或按照一定标准分配计入各有关的产品成本和期间费用。最后，将计入本月产品成本的各项生产费用，在各种产品之间按照成本项目进行分配和归集，计算出按成本项目反映的各种产品的成本。这是本月生产费用在各种产品之间横向的分配和归集。

（三）进行期末成本的分配与计算

在一个成本计算期结束时，要进行期末成本的计算与分配，以确定产品成本和期间费用的金额。对于月末既有完工产品又有未完工在产品的产品，将归集在该种产品成本明细账的月初在产品费用和本月生产费用之和，在完工产品与月末在产品之间进行分配，计算出该产品的完工产品成本和月末在产品成本。这是生产费用在同种产品中本月完工产品与月末在产品之间纵向的分配和归集。

二、成本核算应设置的会计科目

为了核算企业所发生的各项生产费用，进行成本的计算与控制，提供管理上所需要的各项成本费用资料，企业应设置一系列的会计科目进行核算，主要包括：

（一）核算要素费用的会计科目

为了反映和核算各项要素费用的发生、归集与分配，应设置“原材料”、“周转材料”等科目反映劳动对象的消耗，“应付职工薪酬”等科目反映劳动力的消耗，“累计折旧”、“累计摊销”等科目反映劳动资料的消耗。

（二）计算产品成本的会计科目

为了正确归集和分配生产费用，计算产品生产成本，进行产品成本的总分类核算，应设立“生产成本”和“制造费用”等成本类科目。

1. “生产成本”科目

本科目核算企业进行工业性生产发生的各项生产成本，包括生产各种产品（产成品、自制半成品等）、自制材料、自制工具、自制设备等发生的生产费用。下设“基本生产成本”和“辅助生产成本”两个明细科目。

“基本生产成本”明细科目核算企业基本生产车间为完成企业主要生产目的而进行的产品生产所发生的生产费用，用以计算基本生产的产品成本。基本生产成本应当分别按照基本生产车间和成本核算对象（产品的品种、类别、订单、批别、生产阶段等）设置明细账（或成本计算单，下同），并按照规定的成本项目设置专栏。借方登记为进行基本生产所发生的各项费用；贷方登记完工入库的产品成本；期末如有余额在借方，为月末在产品成本，即生产过程占用的资金。其格式如表 2-1 所示。

“辅助生产成本”明细科目核算企业辅助生产车间为基本生产服务而进行的产品生产和劳务供应所发生的生产费用，用以计算辅助生产产品和劳务成本。其借方登记为进行辅助生产而发生的各项费用；贷方登记完工入库产品的成本和分配转出的劳务费用；期末，如有余额在借方，表示辅助生产在产品的成本，即辅助生产在产品占用的资金。该科目应按辅助生产车间和生产的产品、劳务分设明细账，明细账按辅助生产的成本项目或费用项目设专栏进行明细登记。

表 2-1 **产品成本明细账**

产品：甲产品 年 月 日

年		凭证字数	摘 要	成本项目			
月	日			直接材料	直接人工	制造费用	合计
			月初在产品成本				
			本月生产费用				
			生产费用合计				
			本月完工产品单位成本				
			本月完工产品总成本				
			月末在产品成本				

2. “制造费用”科目

为了归集和分配企业生产车间（部门）为生产产品和提供劳务而发生的各项间接费用，反映这一间接费用计划的执行情况，核算中应设立“制造费用”科目。该科目的借方登记实际发生的制造费用；贷方登记分配转出的制造费用。除季节性生产企业外，该科目月末应无余额。“制造费用”科目可按不同的生产车间、部门和费用项目进行明细核算。

（三）归集期间费用的会计科目

为正确反映费用发生、归集与分配及费用计划执行情况，企业要设置以下科目：

1. “销售费用”科目

为了核算企业在商品销售过程中发生的各项费用，反映商品销售费用计划的执行情况，核算中应设立“销售费用”科目。该科目的借方登记实际发生的各项销售费用；贷方登记期末转入“本年利润”科目的销售费用；期末结转后该科目应无余额。“销售费用”科目的明细账，按费用项目设置专栏，进行明细登记。

2. “管理费用”科目

为了核算企业行政管理部门为组织和管理生产经营活动而发生的各项管理费用，反映管理费用计划的执行情况，核算中应设立“管理费用”科目。该科目借方登记实际发生的各项管理费用；贷方登记期末转入“本年利润”科目的管理费用；期末结转后该科目应无余额。“管理费用”科目的明细账，应按费用项目设置专栏，进行明细登记。

3. “财务费用”科目

为了核算企业筹集生产经营资金而发生的各项费用，反映财务费用计划的执行情况，核算中应设立“财务费用”科目。该科目的借方登记实际发生的各项财务费用；贷方登记应冲减财务费用的利息收入、汇兑收益和期末转入“本年利润”科目的财务费用；期末结转后该科目应无余额。“财务费用”科目的明细账，应按费用项目设置专栏，进行明细登记。

（四）核算跨期费用的会计科目

跨期费用的会计科目，主要是指长期待摊费用。本科目核算企业已经发生但应由本期和以后各期负担的分摊期限在一年以上的各项费用，如以经营租赁方式租入的固定资产发生的改良支出等。该科目可按费用项目进行明细核算，其借方登记企业发生的长期待摊费用；贷方登记长期待摊费用的摊销数额；期末借方余额，反映企业尚未摊销完毕的长期待摊费用。

想一想

这些会计科目的设置在成本核算过程中起什么作用？企业能否根据自身特点，将“基本生产成本”和“辅助生产成本”直接作为一级科目使用？

三、产品成本核算的账务处理过程

产品成本核算的账务处理过程，是指企业产品成本形成过程中进行会计处理的步骤，其实质是分清费用的五个界限的过程。一般情况下，产品成本核算的账务处理程序如图 2-1 所示。

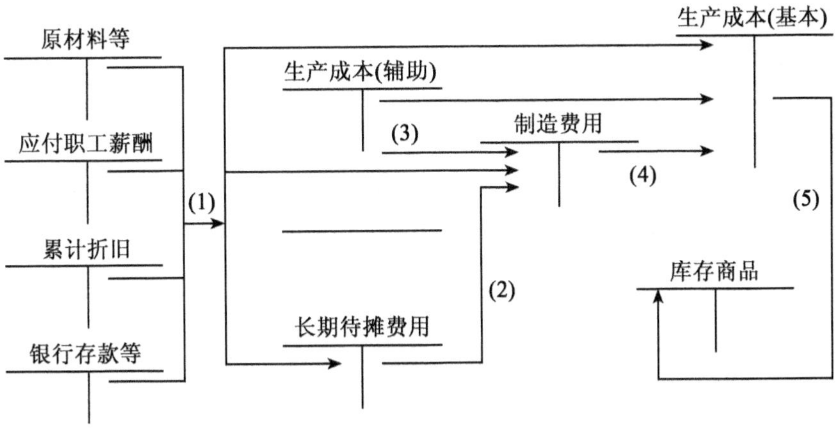

图 2-1　产品成本核算账务处理程序图

说明：(1)审核生产费用并对发生的要素费用进行归集与分配；(2)处理分配长期待摊费用；(3)按受益情况分配处理辅助生产成本；(4)分配基本生产车间的制造费用；(5)进行期末成本分配，计算并结转完工产品成本。

第三章　生产费用的横向分配

【学习提示】　对生产费用进行的会计处理是成本会计处理中的“横向分配”，是以成本费用要素为对象，并将其汇集、分配，转化为产品生产成本和经营管理费用的过程。确认生产费用发生的类型，分清生产费用使用的方向，把握生产费用分配的方法，明确生产费用核算的归属，记录生产费用处理的过程，是生产费用会计处理的基本内容。梳理生产费用会计处理的层次结构，把握生产费用会计处理的实际技能，突出技能的训练与运用，是学习者在学习本章时的基本目标和必须掌握的核心内容。

第一节　生产费用的处理方法

一、生产费用的分类

生产费用是企业一定时期为生产产品而发生的各项支出，是与产品生产相关的劳动耗费。根据企业实施成本管理的要求和进行成本核算的需要，对生产费用应按照一定的标准进行分类。

（一）按经济性质分类——要素费用

生产费用按经济用途（或内容）划分，形成要素费用。劳动手段、劳动对象和劳动者是企业生产经营活动的三个必要条件，用于这三个方面的耗费即劳动手段的耗费、劳动对象的耗费和活劳动的耗费则构成了制造企业的三大要素费用，具体分为以下七项费用要素：

（1）外购材料与燃料。指企业为进行生产而耗用的一切从外部购入的原料、主要材料、辅助材料、半成品、包装物、修理用备件、低值易耗品以及各种燃料，包括液体燃料、固体燃料和气体燃料。

（2）外购动力。指企业为进行生产而耗用的一切从外单位购入的各种动力。

（3）工资及福利。指企业全体人员的工资及按工资总额的一定比例计提的用于职工福利方面的支出。

（4）折旧与修理费。指企业按规定的方法计提的固定资产折旧费用和为修理固定资产而发生的支出。

(5) 利息支出。指企业按规定计入生产费用的借款利息支出扣除利息收入后的净额。

(6) 税金。指企业应缴纳的并应在费用中列支的各种税金，如房产税、印花税、车船使用税和土地使用税等。

(7) 其他支出。指企业开支的、不属于上述各要素的费用支出，如差旅费、办公费、邮电费、租赁费、咨询费、业务费、保险费和诉讼费等。

区分要素费用，可以反映企业在一定会计期间发生的费用种类和金额，分析各个时期要素费用的构成和水平，为编制企业资金计划、核定资金定额提供资料。

(二) 按经济用途分类——成本项目

生产费用按经济用途划分，形成成本项目。成本项目是对象化的生产费用的具体项目，一般来说制造企业有三个基本成本构成项目。

(1) 直接材料。指企业生产经营过程中直接耗用的，并构成产品实体的原料及主要材料、辅助材料等。

(2) 直接人工。指企业直接从事产品生产人员的工资及福利费。

(3) 制造费用。指企业内部各生产单位为组织和管理生产所发生的各项费用。如车间折旧费、维修费、保险费、水电费、办公费、机物料消耗和管理人员工资等。

实际工作中，企业可以根据其生产特点和管理要求，增设成本项目，形成更具体的成本构成项目。通常情况下，具体成本项目包括七个方面，它们的构成内容及与基本成本项目的关系如图 3-1 所示。

- 成本项目
  - 直接材料
    - 原料及主要材料（自制半成品）
    - 燃料与动力
  - 直接人工
    - 工资
    - 职工福利费等
  - 制造费用
    - 废品损失
    - 停工损失
    - 制造费用

图 3-1　产品成本项目划分及关系图

明确成本构成项目，可以分析产品的成本构成及其比重，有利于加强对产品成本的管理，寻找降低产品成本的途径。

(三) 按计入成本的方式分类——直接费用和间接费用

生产费用按计入成本费用的方式不同，可分为直接费用和间接费用。直接费用是指发生于某种产品或受益对象上的生产费用，即费用发生时就能明确应由何种产品或受益对象承担的费用，如某种产品材料费用、生产工人的工资费用等。间接费用由几种产品或受益对象负担的生产费用，即费用发生的当时不能确定其归属的费用，如厂房、机器设备的折旧、生产车间管理人员的工资等。直接费用直接用于某种产品或受益对象的生产，应直接计入产品或受益对象的成本费用中；间接费用间接为几种产品或受益对象的生产服务，要按一定的标准分配后再计入产品或受益对象的成本费用。

直接费用与间接费用的认定与生产车间生产的产品品种的多少直接相关。如果一个车间只生产一种产品，则该车间所发生的全部生产费用都是直接费用。如果说一个车间同时生产几种产品，则发生于某种产品上的原材料、专门从事该产品生产的工人工资是直接费用；为几种产品的生产共同服务的费用，如几种产品共同耗用的同种原材料、同时进行几种产品生产的人工费用、几种产品同时受益的辅助生产费用、几种产品共同承担的制造费用等，属于间接费用。

做一做

某小厂生产童车，某月发生下列支出：钢管 50 000 元，橡胶轮胎 10 000 元，油漆 1 000 元，其他零配件 2 000 元，车间和厂部用电分别为 2 000 元和 1 000元，工人工资 20 000 元，厂长等管理人员工资 8 000 元，设备租金2 000 元，机器修理费 500 元，生产设备折旧 2 000 元。请按上述分类确定其要素费用、生产费用、期间费用和成本项目的费用金额。

二、生产费用的处理方法

企业发生的生产费用最终是要按产品成本计算对象进行归集并形成产品成本的。生产费用形成产品成本的过程是对费用进行会计处理的过程，包括确认并归集生产费用、将费用计入产品成本、编制会计记账凭证并进行账簿登记等。就生产费用计入成本而言，通常采取的处理方法有两种，即直接计入法和比例分配法。

（一）直接计入法

直接计入法是将发生的生产费用直接计入产品成本的方法。它适用于对直接费用处理。生产单一产品的车间发生的生产费用和生产多种产品的车间所认定的直接费用，在费用发生时直接计入该产品的生产成本。

（二）比例分配法

比例分配法又叫间接或分配计入法，是将发生的生产费用按一定的标准分配计入产品成本的方法。对于生产过程中发生的间接费用，必须先分配，然后再计入各种产品的生产成本。其计算公式为：

费用分配率 = 待分配费用总额/分配标准总和

某受益对象应承担的费用 = 该受益对象的分配标准 × 费用分配率

式中，待分配费用总额是指某项需要由若干个受益对象共同承担的费用，分配标准总和是各个受益对象的受益程度的衡量标准之和。

运用比例分配法进行间接费用的分配，关键是要确定正确的分配标准。不同的要素费用有不同的分配标准，同一要素费用也会有不同的分配标准，分配标准的选择必须考虑三个因素，即分配标准与发生的费用的相关性、分配标准取得的难易度和生产费用分配结果的正确性。常用来进行间接费用分配的标准主要有三类：(1) 成果类，如重量、体积、产量、产值等；(2) 消耗类，如工时、工资、耗用量等；(3) 定额类，如定额消耗量、定额费用等。

运用比例分配法对间接费用进行分配，是通过编制生产费用分配表来完成的，其基本格式如表 3-1 所示。

表 3-1　　　　______**费用分配表**

年　月　日　　　　　　金额单位：元

应借账户			成本（费用）项目	分配标准	分配率	分配金额
总账	二级账	明细账				
合　计						

会计主管：　　　　　　复核：　　　　　　制单：

生产费用分配表的编制程序与方法是：(1) 根据费用用途确定受益对象及分配标准，填制“应借账户”、“成本项目”和“分配标准”等栏目；(2) 根据费用凭证及汇集结果，确定待分配费用金额，填制“分配金额”合计栏；(3) 计算费用分配率，填制“分配率”栏，一般只填合计栏；(4) 计算每一受益对象应负担的费用金额，填制“分配金额”栏。

【例 3-1】　假设神华公司第一基本生产车间 2007 年 6 月生产 A1、A2 两种产品，其产量分别为 480 件和 550 件。当月两种产品共同耗用甲材料 81 600 元，A1、A2 产品的甲材料消耗的单位定额分别为 5 千克和 8 千克。

依据资料，A1、A2 两种产品耗用的甲材料为间接费用，分配情况如下：

甲材料的受益对象为 A1、A2 两种产品，其分配标准为定额消耗量，分别为：

A1 产品甲材料定额消耗量 = 480 × 5 = 2 400（千克）

A2 产品甲材料定额消耗量 = 550 × 8 = 4 400（千克）

甲材料应分配的费用金额为 81 600 元，其费用分配率为：

甲材料费用分配率 = 81 600 ÷（2 400 + 4 400）= 12（元/千克）

A1、A2 两种产品应负担的甲材料费用金额为：

A1 产品应负担的甲材料费用 = 2 400 × 12 = 28 800（元）

A2 产品应负担的甲材料费用 = 4 400 × 12 = 52 800（元）

根据上述分析的计算结果，编制费用分配表如表 3-2 所示。

表 3-2　　**甲材料　费用分配表**

2007 年 6 月 30 日　　金额单位：元

应借账户			成本（费用）项目	分配标准	分配率	分配金额
总账	二级账	明细账				
生产成本	基本生产成本	A1 产品	直接材料	2 400		28 800
生产成本	基本生产成本	A2 产品	直接材料	4 400		52 800
合　　计				6 800	12	81 600

会计主管：赵义　　复核：钱山　　制单：孙武

做一做

长虹公司一车间 5 月份生产 A 产品 1 000 件、B 产品 800 件，两种产品共领用材料 8 190 千克，单位实际成本为 5 元。A、B 产品的单位消耗定额分别为 3 千克和 6 千克，问其费用分配率是多少？

第二节　材料费用的会计处理

材料费用是企业生产经营过程中的劳动对象，是产品生产过程中不可缺少的物质要素，包括各种原料、主要材料、辅助材料、燃料、包装材料、外购半成品和修理用备件等。成本会计中材料费用的会计处理应包括材料发出的处理、材料费用的归集、材料费用的分配等项内容。本节主要介绍后两项会计处理的内容。

一、原材料费用的会计处理

原材料费用是企业在生产经营过程中所消耗的原料及主要材料、辅助材料、外购半成品等发生的费用。原材料费用的会计处理就是将生产经营过程中消耗的原材料费用合理地计入到各个受益对象的成本费用之中。

（一）原材料费用的归集

原材料费用的归集就是根据领料单所列示的材料的不同名称、不同的领用单位和具体的使用用途来汇集原材料的领用数量，确定领用材料的金额。归集的过程就是对领用原材料进行归类、整理的过程，在将本期发出材料的领料单在按领用部门或车间分类的基础上，再按不同的对象进行汇总，以归集本月领用材料的数量，然后根据确定的材料计价方法计算出本月各部门、车间和产品应负担的费用。它要求将制造产品耗用的材料与一般耗用的材料分别归类：产品生产领用的，按与产品的关系进行归类整理；车间或部门领用的，则分车间或部门进行归集。

不同受益对象所领用的原材料，其所归集的会计账户是不同的：基本生产车间领用的直接用于产品生产的、构成产品实体或有助于产品形成的原材料，直接归集在"基本生产成本"账户中；基本生产车间领用的间接用于产品成本的原材料，应归集在"制造费用"账户中；辅助生产车间领用的为生产辅助产品或劳务的原材料，归集在"辅助生产成本"账户中；企业行政管理部门领用的原材料，应归集在"管理费用"账户中；销售部门领用的为产品销售服务的原材料，应归集在"销售费用"账户中；专营工程领用的各种原材料，则要归集在"在建工程"账户之中。

原材料费用的归集以发料凭证及余（废）料退（交）库凭证为依据，通常由仓储部门编制"发出材料明细表"来完成，其格式如表3-3所示。实际操作过程中，由仓库保管人员依据原材料发出凭证（领料单、限额领料单、领料登记簿等）及余料退回凭证、废料交回凭证等确定原材料的发出数量，填制"发出材料明细表"，然后由财会部门根据发出材料计价方法和各受益对象的受益程度确定受益金额。

【例3-2】 假设宇锋制造有限公司设有两个基本生产车间，第一生产车间只生产DK-Ⅰ型产品，第二生产车间生产DK-Ⅱ型和DK-Ⅲ型两种产品，另设有机修和供水两个辅助生产车间提供冷热水和修理劳务，以及若干个行政管理部门及福利部门。该公司按产品进行成本核算，并设立"直接材料"、"直接人工"、"外购动力"和"制造费用"等四个成本项目。该公司材料按实际成本计价，2007年8月份发出材料明细表，如表3-3所示。

表 3-3　　宇锋制造有限公司发出原材料明细表

2007 年 8 月　　金额单位：元　附领料单 21 张

材料类别	材料名称	发出数量	单位成本	金额	用　途
主要材料	B3 管材	245 根	150	36 750	DK-Ⅰ型产品耗用
主要材料	A3 板材	3 360 千克	35	117 600	DK-Ⅱ、Ⅲ型产品耗用
原料	丙种材料	3 000 千克	55	165 000	DK-Ⅲ型产品耗用
原料	丙种材料	100 千克	55	5 500	办公室领用
燃料	晋标准煤	35 吨	760	26 600	供水车间领用
辅助材料	润滑剂	100 千克	7.4	740	机修车间领用
辅助材料	201 合剂	20 合	48	960	机修车间领用
修理用备件	三角皮带	10 条	40	400	第二车间修理领用
外购件	E 配件	18 只	30	540	第二车间修理领用
合　计				354 090	

仓库主任：王新民　　复核：张瑶　　制单：李梅森

需要说明的是：为便于进行生产费用的核算和产品成本的计算，本章中凡涉及宇锋制造有限公司 2007 年 8 月份的经济业务都是相互联系的。我们将以该公司 2007 年 8 月份的经济业务及其会计处理为例，结合产品成本计算的品种法，完整地说明生产费用汇集、分配和核算及成本计算的全过程。

（二）原材料费用的分配

1. 分配标准

原材料费用的分配就是按照材料用途，将费用计入成本计算对象中去。原材料费用在产品成本中占有较大的比重，材料费用分配的正确与否，对成本核算是否正确影响很大。构成产品实体的原材料，通常由各生产单位按产品领用，可以根据领料凭证直接计入成本计算对象，应直接汇总计入基本生产成本账户和有关产品成本计算单中的直接材料项目；对于几种产品共同领用，耗用的原材料需要采用合理的分配标准，分配计入各成本计算对象的直接材料项目。

分配标准的合理性是指选择的标准与费用的发生有较密切的关系，尽可能做到多耗用多负担，少耗用多负担，并且选用的分配标准资料容易取得。原材料费用分配的标准通常可以是产品的重量、体积等成果类标准；也可以是工时、工资、耗量等消耗类标准；在材料消耗定额比较准确的情况下，还可以按材料定额耗用量和定额费用等定额类标准。

2. 分配方法

原材料费用分配方法是生产费用比例分配法的具体运用。在多种产品共同耗用同种原材料的情况下，选用不同的分配标准，就产生了不同的原材料费用的比例分配方法。

（1）按定额消耗量的比例分配。采用定额消耗量比例进行分配时，应根据各种产品的产量和单位消耗定额，计算出各种产品的定额消耗量，并以定额消耗量作为分配标准在各种产品之间进行分配。其计算分配程序与公式为：

第一，计算各种产品原材料定额消耗量，即分配标准数量。

受益产品定额耗用量 = 受益产品产量 × 单位消耗定量

第二，计算单位原材料定额消耗量应分配原材料金额，即费用分配率。

原材料费用分配率 = 待分配原材料实际费用/定额耗用总量

第三，计算出各种产品应分配的原材料实际费用。

某受益产品承担的费用 = 该受益产品定额耗用量 × 原材料费用分配率

【例 3-3】 假设神华公司第一基本生产车间生产 A、B、C 三种产品，2007 年 6 月共同耗用乙种材料 7 560 千克，单位实际成本为 20 元。本月 A、B、C 三种产品的产量分别为 520 件、700 件和 450 件，单位产品定额消耗量分别为 6. 5 千克、7 千克和 4 千克。

根据定额消耗量的比例分配法，本月消耗的乙种材料费用分配如下：

① 计算产品定额消耗量

A 产品定额耗用量 = 520 × 6. 5 = 3 380（千克）

B 产品定额耗用量 = 700 × 7 = 4 900（千克）

C 产品定额耗用量 = 450 × 4 = 1 800（千克）

三种产品定额消耗量总和 = 3 380 + 4 900 + 1 800 = 10 080（千克）

② 计算乙种材料单位定额费用分配率

乙种材料费用分配率 = 7 560 × 20 ÷ 10 080 = 15（元/千克）

③ 计算分配三种产品应负担的乙种材料费用

A 产品应负担的乙种材料费用 = 3 380 × 15 = 50 700（元）

B 产品应负担的乙种材料费用 = 4 900 × 15 = 73 500（元）

C 产品应负担的乙种材料费用 = 1 800 × 15 = 27 000（元）

该种方法以定额消耗量作为主要因素，因而只有在原材料消耗比较单一、消耗定额比较准确的情况下运用才有意义。

（2）按定额费用的比例分配。在生产多种产品共同耗用原材料种类较多时，也可以按各种产品所耗原材料定额费用的比例分配原材料实际费用。即以各个材料费用受益产品的原材料定额费用为分配标准，以实际消耗的原材料费用占受益产品定额费用之和为分配率，据以分配原材料费用的方法。其计算分配程序与公式如下：

第一，计算各种产品原材料定额费用，即分配标准总额。

受益产品定额费用 = 受益产品产量 × 单位产品定额费用

第二，计算单位原材料定额费用应分配原材料实际费用，即原材料费用分配率。

定额费用分配率 = 待分配原材料实际费用/定额费用总额

第三，计算出各种产品应分配的原材料实际费用。

某受益产品承担的费用 = 该受益产品定额费用 × 定额费用分配率

【例 3-4】 假设神华公司第二基本生产车间生产甲、乙两种产品，因耗用的原材料品种较多，分别核定其单位定额费用为 360 元和 300 元。2007 年 6 月两种产品共同耗用各种原材料的实际成本为 264 960 元，本月甲、乙两种产品的产量分别为 500 件和 550 件。

根据定额费用的比例分配法，当月消耗的各种原材料费用分配如下：

① 计算产品定额费用

甲产品定额费用 = 360 × 500 = 180 000（元）

乙产品定额费用 = 300 × 550 = 165 000（元）

两种产品定额费用总额 = 180 000 + 165 000 = 345 000（元）

② 计算乙种材料单位定额费用分配率

原材料费用分配率 = 264 960 ÷ 345 000 = 0.768（元）

③ 计算分配三种产品应负担的乙种材料费用

A 产品应负担的乙种材料费用 = 180 000 × 0.768 = 138 240（元）

B 产品应负担的乙种材料费用 = 165 000 × 0.768 = 126 720（元）

（3）按实际耗量的比例分配。即以各种产品的原材料实际消耗量为分配标准，以原材料实际单位成本为分配率进行原材料费用分配的方法。这种方法适用于能分清原材料消耗对象，并有健全的消耗记录的产品。其计算公式为：

$$原材料费用分配率 = \frac{待分配原材料实际费用}{各受益产品实际消耗总量}$$

某受益产品应负担费用 = 该受益产品实际耗用量 × 原材料费用分配率

【例 3-5】 宇锋制造有限公司第二基本生产车间 2007 年 8 月两种产品共同耗用 A3 型板材的实际成本为 117 600 元，原材料消耗记录表明：DK-Ⅱ型和 DK-Ⅲ型两种产品消耗的 A3 型板材的数量分别为 33 000 千克和 23 000 千克。

根据实际耗量比例分配法，当月消耗的 A3 型板材费用分配如下：

原材料费用分配率 = 117 600 ÷（33 000 + 23 000）= 2.1（元）

DK-Ⅱ型产品应负担的 A3 型板材费用 = 33 000 × 2.1 = 69 300（元）

DK-Ⅲ型产品应负担的 A3 型板材费用 = 23 000 × 2.1 = 48 300（元）

想一想

按定额消耗量比例和定额费用比例分配材料费用有什么不同?

(三) 原材料费用归集与分配的会计处理

原材料费用的归集与分配，是财会部门汇同有关部门通过编制原材料费用分配表来完成的，其基本格式如表 3-4 所示。月终财会部门根据仓库部门提供的发出材料明细表，结合产量记录、定额资料或投料记录等分配原材料费用，编制“原材料费用分配表”；并根据原材料费用分配表和发出材料明细表等原始凭证确定会计处理去向，编制记账凭证，登记有关账簿。

【例 3-6】 承接【例 3-2】和【例 3-5】的资料，宇锋制造有限公司第二基本生产车间 DK-Ⅱ型和 DK-Ⅲ两种产品共同耗用的材料，采用按实际耗用量比例分配法进行分配，根据“发出材料明细表”和 A3 型板材费用分配过程编制的原材料费用分配汇总表如表 3-4 所示。

表 3-4 **宇锋制造有限公司原材料费用分配汇总表**

2007 年 8 月 金额单位：元

应借账户			成本费用项目	直接计入费用	间接计入费用			合计
总账	二级账	明细账			标准	分配率	金额	
生产成本	基本生产成本	DK-Ⅰ	直接材料	36 750				36 750
		DK-Ⅱ	直接材料		33 000		69 300	69 300
		DK-Ⅲ	直接材料	165 000	23 000		48 300	213 300
		小　计		201 750	56 000	2. 1	117 600	319 350
生产成本	辅助生产成本	供水车间	材料费	26 600				26 600
		机修车间	材料费	1 700				1 700
		小　计		28 300				28 300
管理费用				5 500				5 500
制造费用		二车间	修理费	940				940
合　计				236 490			117 600	354 090

会计主管：赵星明 复核：孙武 制单：吴安琢

根据“原材料分配表”及其所附的凭证资料，编制会计分录如下：

【会计分录1】

借　生产成本——基本生产成本—DK-Ⅰ—直接材料　36 750
　　　　　　　　　　　　　　DK-Ⅱ—直接材料　69 300
　　　　　　　　　　　　　　DK-Ⅲ—直接材料　213 300
　　　　　　辅助生产成本—供水车间—材料费　26 600
　　　　　　　　　　　　　机修车间—材料费　1 700
　　管理费用　5 500
　　制造费用——第二车间　940
　　贷　原材料　354 090

根据会计分录1，将发生的原材料费用分别登记到生产成本、制造费用、管理费用等总分类账户和明细分类账户中，其登记结果见表3-18、表3-19、表3-25等。

如果原材料费用按计划成本计价，则“原材料费用分配汇总表”中要分设“计划成本”和“成本差异”两栏，“计划成本”栏根据领料凭证和发出材料明细表上的计划成本计算填列，然后根据本月各类材料的材料成本差异率分别计算应负担的差异数填入“成本差异”栏；并根据“计划成本”和“成本差异”栏金额分别进行会计处理，将计划成本调整成实际成本，再根据会计处理的会计分录分别登记各总分类账账户及其明细分类账户。按计划成本计价的原材料费用分配汇总表的基本格式如表3-5所示。

二、燃料与动力费用会计处理

（一）燃料费用的会计处理

燃料费用的分配程序和方法与原材料费用分配相同。在燃料费用比重较大，与动力费用一起专门设立“燃料及动力”成本项目的情况下，应该增设“燃料”科目，并将燃料费用单独进行分配。如果产品成本中燃料费用比重较小，可并入原材料一起核算。

在单设“燃料”科目进行会计核算时，对发生的燃料费用可比照原材料费用的分配方法进行会计处理：直接用于产品生产的燃料费用应该单独计入该产品的“燃料及动力”成本项目；为多种产品共同耗用的燃料费用应分配计入各产品的该成本项目；辅助生产耗用的燃料费，以及生产车间、企业行政管理部门取暖的燃料费，应分别计入有关科目及其明细项目。

（二）动力费用的会计处理

动力费用是企业生产经营过程中消耗电力、热力等形成的费用。企业消耗的动力可以通过外购取得，也可以由辅助生产车间提供。由辅助生产车间提供的动力费用的分配在辅助生产费用的会计处理中说明，这里仅介绍外购动力的会计处理。

表 3-5　　　　　　**原材料费用分配汇总表（按计划成本计价）**

年　月　　　　　　　　金额单位：元

应借账户 应贷账户				原材料			合计
总账	二级账	明细账		原料及主要材料	辅助材料	修理用备件	
生产成本	基本生产成本	DK-Ⅰ	计划成本				
			成本差异				
		DK-Ⅱ	计划成本				
			成本差异				
		DK-Ⅲ	计划成本				
			成本差异				
	小　计		计划成本				
			成本差异				
管理费用			计划成本				
			成本差异				
合　　计			计划成本				
			成本差异				

会计主管：　　　　　　　　复核：　　　　　　　　制单：

外购动力费用的分配通常在月末进行，有仪表记录的应根据仪表所示耗用动力的数量、动力单价计算；没有仪表记录的可按生产工时比例、机器工时比例或定额耗电量比例分配。分配后直接由产品成本负担的动力费用，记入“燃料与动力”成本项目，不单独设立“燃料与动力”成本项目的企业，先记入“制造费用”账户，经过分配后记入产品成本中的“制造费用”成本项目。

【例 3-7】　宇锋制造有限公司 2007 年 8 月底支付给电力公司电费总计 17 340元。动力费用的分配依据企业各车间和部门配备的分电表记录的用电情况，后勤部门抄录的各部门用电情况如表 3-6 所示。

表 3-6　　　　　　**宇锋制造有限公司用电量统计表**

时间：2007 年 8 月　　　　单位：度

部　门	第一车间	第二车间		供水车间	机修车间	行管部门	合计
		产品生产	车间照明				
用电量	3 250	8 200	1 330	2 150	2 800	2 670	20 400

产品生产过程中共同耗用的动力费用，采用工时比例分配法进行分配，2007 年 8 月份，第二生产车间 DK-Ⅱ型和 DK-Ⅲ型两种产品实际消耗的生产工时分别为 1 600 小时和 2 400 小时。

根据公司用电资料和确定的会计方法，编制动力费用分配表（见表 3-7）并进行会计处理。

表 3-7　　　　　　**宇锋制造有限公司动力费用分配表**

2007 年 8 月　　　　金额单位：元

应借账户			成本费用项目	费用分配率	电力耗用量			合计
总账	二级账	明细账			实际工时	分配率	电表记录	
生产成本	基本生产成本	DK-Ⅰ	外购动力				3 250	2 762.5
		DK-Ⅱ	外购动力		1 600		3 280	2 788
		DK-Ⅲ	外购动力		2 400		4 920	4 182
			小　计		4 000	2.05	8 200	6 970
		合　　计					11 450	9 732.5
生产成本	辅助生产成本	供水车间	制造费用				2 150	1 827.5
		机修车间	制造费用				2 800	2 380
		合　　计					4 950	4 207.5
管理费用			电费				2 670	2 269.5
制造费用		二车间	电费				1 330	1 130.5
总　　计				0.85			20 400	17 340

会计主管：赵星明　　　　复核：孙武　　　　制单：吴安琢

表中：电力耗用量分配率 = 8 200 ÷ 4 000 = 2.05（度/时）

动力费用分配率 = 17 340 ÷ 20 400 = 0.85（元/度）

【会计分录 2】

借　生产成本——基本生产成本—DK-Ⅰ—外购动力	2 762. 5	
DK-Ⅱ—外购动力	2 788	
DK-Ⅲ—外购动力	4 182	
辅助生产成本—供水车间—制造费用	1 827. 5	
机修车间—制造费用	2 380	
管理费用——电费	2 269. 5	
制造费用——第二车间—电费	1 130. 5	
贷　原材料		17 340

根据会计分录 2，将发生的动力费用分别登记到生产成本、制造费用、管理费用等总分类账户和明细分类账户中，其登记结果见表 3-18、表 3-19、表 3-25 等。

三、其他材料费用的会计处理

（一）包装物费用的会计处理

包装物费用的会计处理，应结合包装物领用的发生环节和计价方式，根据领料单上列明的包装物的领用部门和用途，通过编制包装物费用归集和分配表来进行。生产车间领用的包装物品，是产品成本的组成部分，直接记入“基本生产成本”；销售部门领用的随产品出售而单独计价的包装物品，其成本记入“其他业务支出”，不单独计价的包装物品，其成本记入“销售费用”；企业对外租借包装物品，出租包装物的成本在首次领用时作“其他业务支出”处理，出借包装物的成本在首次领用时作“销售费用”处理。

【例 3-8】　2007 年 8 月，根据包装物领料单记录，宇锋制造有限公司仓库本月共发出全新的包装物，实际成本为 11 500 元，其发出明细表如表 3-8 所示。

表 3-8　　**宇锋制造有限公司包装物发出明细表**

部门	第一车间	第二车间		销售部门		合计
		DK-Ⅱ	DK-Ⅲ	作价出售	出借	
金额	2 240	2 720	2 360	1 180	3 000	11 500

仓库主任：王新民　　　　复核：张瑶　　　　制单：李梅森

根据发出明细表及其领料单，编制会计分录如下：

【会计分录 3】

借　生产成本——基本生产成本—DK-Ⅰ—直接材料　　2 240

　　　　　　　　　　　　　　　DK-Ⅱ—直接材料　　2 720

　　　　　　　　　　　　　　　DK-Ⅲ—直接材料　　2 360

　　其他业务支出——出售包装物　　1 180

　　销售费用——包装物　　3 000

　　贷　周转材料——包装物　　　11 500

根据会计分录 3，将发生的包装费用分别登记到生产成本及相关的总分类账户和明细分类账户中，其登记结果见表 3-18、表 3-19、表 3-25 等。

（二）低值易耗品费用的会计处理

计入当期成本费用的低值易耗品的费用金额，取决于低值易耗品的摊销方法。现行的摊销方法有一次摊销、五五摊销和分次摊销三种。一次摊销法是在领用当月将低值易耗品的成本全部计入有关的成本费用项目，报废时的残余价值作低值易耗品摊销额的减少，冲减报废当月的有关成本费用项目；五五摊销法是在领用当月将一半的成本计入成本费用，报废当月则将另一半的成本扣除残值后计入成本费用；分次摊销法是在领用时将低值易耗品的成本价值转入“（长期）待摊费用”账户，然后在预计受益期内均衡的（报废当月扣除残值后）摊入各期成本费用项目。

当期发生的低值易耗品的费用，按低值易耗品的用途来确定其应归属的会计账户：生产产品直接耗用的，记入“基本生产成本”中的直接材料成本项目；辅助生产车间耗用的，记入“辅助生产成本”的直接材料成本项目；车间管理部门耗用的，记入“制造费用”账户；企业管理部门领用的，记入“管理费用”账户。

【例 3-9】　2007 年 8 月，宇锋制造有限公司根据当月领料单和有关资料编制的低值易耗品费用汇总表如表 3-9 所示。

表 3-9　　**宇锋制造有限公司低值易耗品费用汇总表**

2007 年 8 月　　金额单位：元

类别	数量	单位成本	实际成本	用　途	备注
通用工具	略	略	750	第一车间领用	当月领用，一次摊销
通用工具	略	略	1 300	第二车间领用	
专用工具	略	略	1 600	机修车间领用	以前领用，当月报废，残值 100 元入库，五五摊销

续表

类别	数量	单位成本	实际成本	用　途	备注
劳防用品	略	略	1 200	供水车间领用	当月领用，五五摊销
管理用具	略	略	3 600	厂部领用	5 月份领用，分次摊销，期限半年
合　计			8 450		

会计主管：赵星明　　　　复核：孙武　　　　制单：吴安琢

根据低值易耗品费用汇总表及领料单，结合会计处理方法，编制低值易耗品费用分配表如表 3-10 所示。

表 3-10　　**宇锋制造有限公司低值易耗品费用分配表**

2007 年 8 月　　　　金额单位：元

应借账户			成本费用项目	摊销方法	摊销金额	残值	分配金额
总账	二级账	明细账					
生产成本	基本生产成本	DK-Ⅰ	制造费用	一次法	750		750
生产成本	辅助生产成本	供水车间	直接材料	五五法	600		600
		机修车间	直接材料	五五法	800	100	700
		小　计			1 400	100	1 300
管理费用			材料	分次法	600		600
制造费用		二车间	材料	一次法	1 300		1 300
合　计					4 050	100	3 950

会计主管：赵星明　　　　复核：孙武　　　　制单：吴安琢

根据“原材料分配表”及其所附的凭证资料，编制会计分录如下：

【会计分录 4】

①借　生产成本——基本生产成本—DK-Ⅰ—制造费用　　750
　　贷　周转材料——低值易耗品（在库）不着　　750

②借 生产成本——辅助生产成本—机修车间—直接材料　　700
　　原材料　　100
　　周转材料——低值易耗品（摊销）　　800
　　贷　周转材料——低值易耗品（在用）　　1 600

③借　周转材料——低值易耗品（在用）　　1 200
　　贷　周转材料——低值易耗品（在库）　　1 200
　借　生产成本——辅助生产成本—供水车间—直接材料　　600
　　贷　周转材料——低值易耗品（摊销）　　600
④借　管理费用——材料费　　600
　　贷　待摊费用——低值易耗品　　600
⑤借　制造费用——第二车间—材料费　　1 300
　　贷　周转材料——低值易耗品（在库）　　1 300

根据会计分录4，将发生的包装费用分别登记到生产成本及相关的总分类账户和明细分类账户中，其登记结果见表3-18、表3-19、表3-25等。

第三节　人工费用的会计处理

一、人工费用的构成与计算

（一）人工费用的构成

人工费用是企业生产产品过程中的活劳动的耗费的价值表现，是产品成本构成内容的重要组成部分。具体地说，人工费用是企业支付的职工薪酬，由以下几个部分构成：一是工资总额，二是职工福利费，三是“五险两费一金”等。

1. 工资总额

工资总额是企业在一定时期内直接支付给本企业全体职工的劳动报酬总金额。按照国家统计局的规定，工资总额是由工资、奖金和津补贴三大内容组成的。

（1）工资。工资是企业支付给职工的基本劳动报酬。它包括计时工资、计件工资、加班加点工资和特殊情况下支付的工资等项内容。

计时工资是按计时工资标准的工作时间计算支付给职工的劳动报酬。计时工资标准是按每一职工所从事的工作岗位及技术熟练程度确定的在单位工作时间内应得的工资额。

计件工资是按计件单价和职工完成的工作量计算支付给职工的劳动报酬。计件单价是指完成单位工作量应得的工资额。

加班加点工资是指按加班加点的工资标准及职工的加班加点工作时间计算支付给职工的工资。加班是指在法定休息时间（包括双休日和节假日）工作时间达到一个工作日（即八小时）；加点是指在法定休息时间（包括双休日和节假日）工作时间没有达到一个工作日（即八小时）。加班加点工资标准与正常工资标准有所区别，按国家规定，加班加点的工资标准通常是正常工资标准的2~3倍。

特殊情况下支付的工资是指对职工的非劳动时间所支付的工资，主要包括职工工伤假、婚丧假、探亲假、产假、计划生育假等期间支付的工资，职工外出学习、参观、进修、考察、开会等期间支付的工资。病假按病假长短和工龄长短，分别按一定的比例支付。

（2）奖金。奖金是支付给职工超额劳动的报酬和增收节支的奖励。奖金包括生产奖（完成产量、质量、出勤、安全、效益等经济指标发给的奖金）、节约奖（节约原材料和能源的消耗而发给的奖金）、劳动竞赛奖（发给劳动竞赛优胜者的奖金）和其他经常性奖等项内容。

（3）津补贴。津补贴是指为补偿特殊或额外劳动消耗而支付给职工的报酬及为保证职工的工资水平不受物价上涨影响而支付给职工的物价补贴，如岗位津贴、特殊工种（高温、高空、高山、有毒、有害、井下、野外、远航等）津贴、回民伙食津贴、冬煤补贴等。

需要说明的是，下列项目是支付给职工的支出，但在性质上不属于工资，按规定不得列为工资总额，它们包括：上下班交通补贴、独生子女津贴、计划生育奖金、职工困难补助、技术改进合理化建议奖金、离退休金、讲课费、稿酬等。

2. 职工福利费

职工福利费是按工资总额的14%计算提取，用于职工福利方面的经费。它主要用于职工的医疗卫生费（包括职工的医疗保险费）、医务经费、职工生活困难补助、职工工伤的外地就医路费，以及职工医务室、理发室、幼儿园、托儿所、浴室等生活福利部门人员的工资。

3. “五险两费一金”等

“五险两费一金”等是指企业职工的医疗保险、养老保险、失业保险、工伤保险、生育保险，工会经费、职工教育经费、住房公积金和非货币性福利支出等项内容，它们是按工资总额的一定比例计算提取的。

想一想

人工费用包括哪些内容？应如何确定它们应计入成本费用的金额？

（二）人工费用计算的依据

人工费用的计算即工资与福利费的计算，因福利费是按工资总额的一定比例计提的，因此其关键是工资的计算，而工资计算离不开相关的原始资料，健全的原始记录是人工费用会计核算的前提，这些记录主要包括考勤记录和产量工时记录等。

1. 考勤记录

考勤记录是反映职工出勤和缺勤情况的原始记录，它按照考勤制度的要求设置并逐日逐人进行登记，是分析和考核职工工作时间利用情况的原始记录，也是计算职工工资的重要原始资料。考勤记录是计算计时工资的依据，企业的各个生产车间及班组都要设置考勤登记簿和考勤卡，逐日地对每一位职工的出勤、缺勤（工伤、事假、病假等）、迟到、早退等情况进行记录，月终根据考勤记录统计每个职工的月度出缺勤情况，并以此为依据计算职工的当月工资额。

2. 产量和工时记录

产量和工时记录是登记各个生产班组或生产工人出勤时间内完成的产量和耗用工时的原始记录，它是计算计件工资的依据。企业应根据生产类型和劳动组织特点，分车间、班组或个人制定和登记产量登记簿及“工作通知单”、“工票”等相关资料，月终根据这些记录资料计算各班组或个人的工资额。

（三）工资费用的计算

工资费用的计算是企业人工费用归集和分配的基础，也是企业与职工之间进行工资结算的依据。根据常用的工资结算制度，企业工资的计算通常包括以下两种：

计时工资是企业以职工的工资级别所规定的工资标准，按其实际参加劳动的时间计算支付给劳动者的劳动报酬。计时工资的计算以考勤记录为主要依据。

计件工资是企业以生产工人提供的合格产品数量，依据劳动定额预先规定的计件单价计算支付给劳动者的劳动报酬。

除计时工资和计件工资外，作为工资总额构成内容的各种奖金、津补贴、加班加点工资和特殊情况下支付的工资，按照国家有关规定和企业财务会计制度计算确定。而作为人工费用重要组成部分的职工福利费和“五险两费一金”等，则按企业工资总额的一定比例计算提取，这里不再详述。

二、工资费用的会计处理

工资费用的会计处理的内容有两个：一是进行工资的结算，即正确计算职工工资，核算和监督企业与职工之间的工资结算情况；二是进行工资的分配，即按照其用途和地点归集工资费用，并进行合理的分配。

（一）工资费用的结算

工资费用的结算是企业与职工之间进行的以工资费用为主的有关款项与代

扣款项的结算。工资结算是按月进行的，工资的结算包括应付职工工资的计算、各种非工资性津贴的计算、代扣款项的计算，以及实发金额的计算与发放等内容。根据企业规模的大小，可以由车间、部门工资核算人员办理，财会部门汇总，劳资部门统计；也可以集中在劳资部门办理结算，财会部门汇总和发放。

1. 工资结算的处理凭证

企业分别计算出每个职工的计时工资或计件工资后，应根据每个职工的工资性支出、非工资性津贴和代扣款项等情况，与职工进行工资的结算与费用的分配。工资费用的结算，是通过工资结算单和工资费用结算汇总表来进行的。

（1）工资结算单。工资结算单是以职工个人为单位，按工资内容构成进行计算，并据以向每个职工发放工资和津贴的原始凭证。它是企业工资结算必不可少的原始记录，经职工签收后又成为领取工资的原始凭证。每到工资结算期，工资核算员应根据考勤记录、产量和工时记录，以及应发的非工资性津贴和有关扣款等资料，根据每个人的工资标准分别计算出每个人的应得工资和实发金额。工资结算单通常按车间或部门分别编制，一般为一式三份，一份按职工姓名裁成工资条，发给职工备查，一份交劳资部门作为劳动工资统计依据，一份留财会部门作为工资结算和付款的原始凭证。工资结算单也是企业编制“工资结算汇总表”的依据。工资结算单的格式如表 3-11 所示。

【例 3-10】 2007 年 8 月，宇锋制造有限公司根据当月有关原始记录编制的第一生产车间工资结算单，如表 3-11 所示。

表 3-11 **宇锋制造有限公司工资结算单**

车间或部门：第一生产车间 2007 年 8 月 单位：元

编号	姓名	应付工资								非工资津贴			代扣款			实发金额	签收
		基本工资	加班工资	奖金	津补贴	病假扣款	事假扣款	…	合计	交通补贴	…	合计	医保	…	合计		
1	张玉琼	850	150	180	120	45		…	1 255	90	…	90	21	…	21	1 324	
2	赵丘屏	745	186	180	106		30	…	1 187	40	…	40	18	…	18	1 209	
3	王玫娟	921		180	50			…	1 151	70	…	70	23	…	23	1 198	
4	袁浩森	780	164	180	50	18	36	…	1 120	80	…	80	20	…	20	1 180	
合计		21 345	2 100	4 500	3 054	986	650	…	29 363	1 860	…	1 860	853	…	853	30 370	

会计主管：赵星明 复核：冷雪梅 制单：刘英琦

（2）工资结算汇总表。为了全面反映企业工资结算情况，便于进行会计核算，需要进行工资费用的归集。归集时将按车间或部门编制的工资结算单进行汇总，编制“工资结算汇总表”。工资结算汇总表是以车间或部门为单位，按工资类别进行汇总的核算资料。由于它是汇总编制的，可反映企业全部职工的工资结算情况，并作为工资结算总分类核算的依据；同时又是按用途汇总的，所以它也是企业进行工资费用分配的依据。财会部门据此发放工资，并为结算扣款、分配工资提供核算资料。工资结算汇总表的一般格式如表 3-12 所示。

【例 3-11】 2007 年 8 月，宇锋制造有限公司根据各部门和车间的工资结算单，编制的工资结算汇总表如表 3-12 所示。

表 3-12 **宇锋制造有限公司工资结算汇总表**

2007 年 8 月 单位：元

车间或部门	应付工资								非工资津贴			代扣款			实发金额
	基本工资	加班工资	奖金	津补贴	病假扣款	事假扣款	…	合计	交通补贴	…	合计	医保	…	合计	
第一生产车间	21 345	2 100	4 500	3 054	986	650	…	29 363	1 860	…	1 860	853	…	853	30 370
生产工人	17 831	1 950	4 200	2 530	650	325	…	25 536	1 350	…	1 350	652	…	652	26 234
管理人员	3 514	150	300	524	336	325	…	3 827	510	…	510	201	…	201	4 136
第二生产车间	17 253	2 060	2 320	1 709	732	336	…	22 274	1 320	…	1 320	871	…	871	22 723
生产工人	14 028	1 860	2 098	1 382	632	336	…	18 400	980	…	980	688	…	688	18 692
管理人员	3 225	200	222	327	100		…	3 874	340	…	340	183	…	183	4 031
辅助生产车间	11 610	1 559	3 010	1 661	750	750		16 340	530		530	345		345	16 525
供水车间人员	6 360	833	1 800	897	463	530	…	8 897	320	…	320	192	…	192	9 025
机修车间人员	5 250	726	1 210	764	287	220		7 443	210		210	153		153	7 500
企业管理人员	7 364		2 500	1 250	257	150	…	10 707	721	…	721	194	…	194	11 234
企业福利部门	3 840	635	660	866		368	…	5 633	300	…	300	185	…	185	5 748
外借人员	1 200						…	1 200		…		150	…	150	1 050
合　计	62 612	6 354	12 990	8 540	2 725	2 254	…	85 517	4 731	…	4 731	2 598	…	2 598	87 650

会计主管：赵星明　　　　复核：冷雪梅　　　　制单：刘英琦

2. 工资结算的会计处理

为了反映工资及结算业务，应设置“应付职工薪酬”总分类账户，用来核算企业属于工资性质的支出。不属于工资性质的支出，不得记入该账户。

“应付职工薪酬”账户属于负债类结算账户，用来核算企业应付给职工的工资总额。其贷方登记企业计算期内应付（分配）的工资总额，借方登记实际发放的和结算转出工资金额，一般无余额。该账户要根据人员类别和工资构成内容设置明细账。

工资结算有两种处理方式，即提现核算和转账核算。现以表3-12工资结算汇总表所列示资料为例，对工资结算的会计核算进行说明。

（1）提现核算。它分为提现、发放和结转扣款三个步骤。①提现就是根据“工资结算汇总表”的实发金额的合计数，开具现金支票向银行提取现金，准备发放工资；②发放就是对工资性支出和随同发放的非工资性津贴的处理，工资性支出根据“工资结算汇总表”的应付职工薪酬合计的金额扣除扣款数额记入“应付职工薪酬”，非工资性津贴则要根据其用途记入相关账户；③结转扣款就是根据“工资结算汇总表”所列的扣款内容的不同性质进行会计处理。

根据表3-12所列示的资料，提现核算三个步骤的会计处理如下：

①提取现金	借	现金	87 650	
		贷　银行存款		87 650
②发放工资	借	应付职工薪酬	82 919	
		管理费用	4 731	
		贷　现金		87 650
③结转扣款	借	应付职工薪酬	2 598	
		贷　其他应付款		2 598

（2）转账核算。在我国大中城市的职工人数较多的企业，为了减少货币的市场流通量，避免提取、发放现金可能产生的风险，对职工工资结算也通常采取转账方式，即银行按照企业职工名册逐一开设活期储蓄存款账户，每月根据企业提供的每个职工的工资数额连同企业开具的支付工资的转账支票，将工资打入每个职工的存款账户内，职工持活期储蓄存款存折到银行支取工资款。在这种情况下，上述①与②的会计处理可合并为：

借	应付职工薪酬	82 919	
	管理费用	4 521	
	贷　银行存款		87 650

（二）工资费用的分配

1. 工资费用分配的会计处理去向

在进行工资结算的同时，在月末企业财会人员要根据职工的工作岗位，确定其工资的用途，在工资费用的受益对象中进行分配。由于种类人员在企业生产经营过程中的作用不同，工资费用的账务处理去向也是不一样的，按“谁受益，谁负担”的原则，企业从事产品生产、提供劳务的职工的薪酬，计入产品生产成本或劳务成本，企业基本建设工程和无形资产研制人员的薪酬，计入在建工程和无形资产成本，企业其他人员的薪酬，则计入当期损益，工资费用的账务处理的详细情况如表 3-13 所示。

表 3-13 **工资费用分配账务处理去向一览表**

处理去向 / 人员类别	会计处理去向（借方科目）								
	生产成本		制造费用	管理费用	销售费用	在建工程	固定资产清理	营业外支出	无形资产
	基本生产成本	辅助生产成本							
基本生产车间生产工人	√								
基本生产车间管理人员			√						
辅助生产车间人员		√							
企业管理部门人员①				√					
职工食堂工作人员				√					
企业福利部门人员②				√					
长期病休人员								√	
清理固定资产工人							√		
销售机构人员					√				
职工子弟学校技校职工								√	
服务于专项工程人员						√			
无形资产研制人员									√
长期脱产和外借人员				√					

注：① 包括各科室人员、门卫、勤杂、消防等人员；② 包括医务室、托儿所、理发室、招待所、浴室、小卖部、俱乐部等人员。

2. 工资费用分配的会计处理方法

工资费用分配的关键是区分工资费用的用途，确定会计处理方向，其中一个主要的问题是生产工人工资的直接归属即由何种产品负担的问题。基本生产车间人员的工资计入产品成本的方法有两种：只生产单一产品的车间，生产工人的工资费用属于直接费用，直接计入产品成本的“直接人工”成本项目中；如果同时生产几种产品，生产工人的工资费用属于间接费用，则需通过分配计入各受益产品的“直接人工”成本项目中。对间接工资费用进行分配通常采用工时分配法，工时分配法是指以生产工时为分配标准，将归集的工资费用分配到各种产品成本中的一种方法。在这种方法下，生产工时是分配基础，常常采用实际工时或计划工时，以实际工时为分配标准可将费用分配与劳动生产率相联系，因而分配结果比较合理；在取得实际工时比较困难时，也可以按产品生产的定额工时分配工资费用。采用这种方法时，被分配的费用与产品的生产工时相互关联。其计算公式如下：

$$\text{工资费用分配率}=\frac{\text{待分配实际工资费用总额}}{\text{各产品生产工时总数}}$$

某产品应负担的实际工资费用 = 该产品耗用的生产工时数 × 工资分配率

工资费用的分配是通过工资费用分配表来完成的。其格式如表 3-14 所示。

【例 3-12】 2007 年 8 月，宇锋制造有限公司按实际生产工时分配间接工资费用，根据当月工资结算汇总表编制的工资费用分配表，如表 3-14 所示。

表 3-14 **宇锋制造有限公司工资费用分配汇总表**

2007 年 8 月 金额单位：元

应借账户			成本费用项目	间接工资费用			直接工资费用	合计
总账	二级账	明细账		工时	分配率	金额		
生产成本	基本生产成本	DK-Ⅰ	直接人工				25 536	25 536
			制造费用				3 827	3 827
		DK-Ⅱ	直接人工	1 600		7 360		7 360
		DK-Ⅲ	直接人工	2 400		11 040		11 040
		小　计		4 000	4.6	18 400		18 400
生产成本	辅助生产成本	供水车间	直接人工				8 897	8 897
		机修车间	直接人工				7 443	7 443
		小　计					16 340	16 340
管理费用			工资				17 540	11 907
制造费用		二车间	工资				3 874	3 874
合　计						18 400	67 117	85 517

会计主管：赵星明　　复核：孙武　　制单：吴安琢

根据“工资费用分配汇总表”及其所附的凭证资料，编制会计分录如下：

【会计分录5】

借 生产成本——基本生产成本—DK-Ⅰ—直接人工 25 536

制造费用 3 827

DK-Ⅱ—直接人工 7 360

DK-Ⅲ—直接人工 11 040

辅助生产成本—供水车间—直接人工 8 897

机修车间—直接人工 7 443

管理费用 17 540

制造费用——第二车间 3 874

贷 应付职工薪酬 85 517

根据会计分录5，将发生的工资费用分别登记到生产成本、制造费用、管理费用等总分类账户和明细分类账户中，其登记结果见表3-18、表3-19、表3-25等。

三、福利和“五险一金”等费用的会计处理

企业除按规定支付每一职工工资外，还应按照国家规定对职工进行福利补助。为此，企业还应按照职工工资总额和规定比例计算、提取应付职工薪酬。

职工福利费的计提一般是通过编制职工福利费提取分配表进行的，实际工作中，为了减少费用分配表的编制工作，也可与工资费用分配表合并编制。由于企业计提的职工福利费，就其实质来说是一种应付的工资附加支出，因而其列支渠道可参照工资的分配方法分别计入相应的会计科目，可参见表3-13。

【例3-13】 2007年8月，宇锋制造有限公司按当月工资费用汇总分配表编制的职工福利费计提分配表，如表3-15所示。

表3-15 宇锋制造有限公司职工福利费计提分配表

2007年8月 金额单位：元

应借账户			成本费用项目	工资总额	计提比例	金额
总账	二级账	明细账				
生产成本	基本生产成本	DK-Ⅰ	直接人工	25 536		3 575.04
			制造费用	3 827		535.78
		DK-Ⅱ	直接人工	7 360		1 030.40
		DK-Ⅲ	直接人工	11 040		1 545.60
		小计		47 763		6 686.82

续表

应借账户			成本费用项目	工资总额	计提比例	金额
总账	二级账	明细账				
生产成本	辅助生产成本	供水车间	直接人工	8 897		1 245.58
		机修车间	直接人工	7 443		1 042.02
		小计		16 340		2 287.60
管理费用			工资	17 540		2 455.60
制造费用		二车间	工资	3 874		542.36
合计				85 517	14%	11 972.38

会计主管：赵星明　　　　　　　复核：孙武　　　　　　　制单：吴安琢

根据职工福利费用计提分配表，编制会计分录如下：

【会计分录6】

借　生产成本——基本生产成本—DK-Ⅰ—直接人工	3 575.04	
—制造费用	535.78	
DK-Ⅱ—直接人工	1 030.40	
DK-Ⅲ—直接人工	1 545.60	
辅助生产成本—供水车间—直接人工	1 245.58	
机修车间—直接人工	1 042.02	
管理费用	2 455.60	
制造费用——第二车间	542.36	
贷　应付职工薪酬		11 972.38

根据会计分录6，将发生的福利费用分别登记到生产成本、制造费用、管理费用等总分类账户和明细分类账户中，其登记结果见表3-18、表3-19、表3-25等。

"五险两费一金"等费用支出的会计处理可以比照福利费用的方法进行，这里不再详述。

第四节　辅助生产费用的会计处理

一、辅助生产费用及核算程序

（一）辅助生产及费用

企业的生产是由基本生产和辅助生产所构成的统一整体，基本生产是为满足外部的需要进行的产品生产和劳务供应；辅助生产则是指为基本生产车间、行政管理部门等单位服务而进行的产品生产和劳务供应。根据辅助生产所生产的产品和提供的劳务状况，可将辅助生产分为两种，一种是单一型辅助生产，这种辅助生产只生产一种产品或提供一种劳务，如供电、供水、供气、供风、运输等辅助生产；另一种是复合型辅助生产，这种辅助生产会生产多种产品或提供多种劳务，如从事工具、模具、修理用备件的制造，以及机器设备的修理等辅助生产。辅助生产与基本生产相比而言，基本生产所生产的产品或提供的劳务主要是对外销售，而辅助生产所生产的产品或提供的劳务主要是为企业内部服务。

为基本生产车间、行政管理部门提供产品和劳务的部门称为辅助生产车间，如供水、供电、供气、机修、运输、模具等车间。这些辅助生产车间在提供产品或劳务过程中，会发生各种资源的耗费，如材料、工资、折旧、水电、劳保、办公等，这些费用就构成了费用生产的成本，所以辅助生产费用就是辅助生产车间在生产产品或提供劳务发生的各项耗费。

（二）辅助生产费用会计处理程序

辅助生产费用的会计处理是由两个步骤来完成的，一是费用的归集，即通过“辅助生产成本”账户对辅助生产在生产产品或提供劳务过程中所发生的材料、工费进行汇集；二是费用的分配，即对汇集的费用在受益单位或对象间按受益数量进行合理的分配。其会计处理程序如图 3-2 所示。

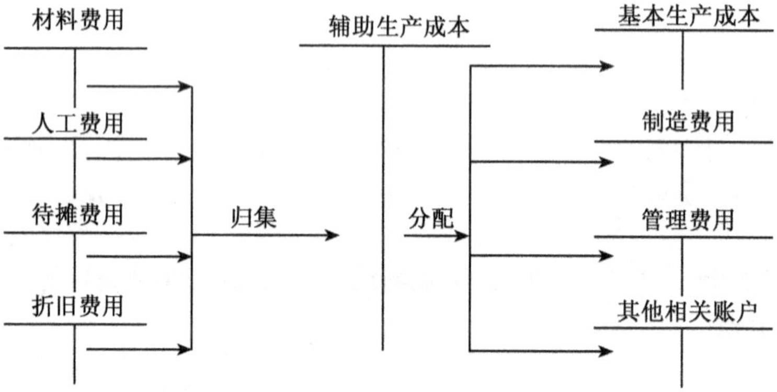

图 3-2　辅助生产成本会计处理程序

由于辅助生产费用是对内提供服务的，所以其费用将由企业内部受益对象来承担，其中，为基本生产车间服务的，直接构成了产品的生产成本；为行政管理和销售机构服务的，则构成了企业经营管理费用的一部分。因此辅助生产费用是直接影响企业产品成本和期间费用的重要因素，辅助生产费用的归集和分配是正确计算产品成本和期间费用的基础和前提。

二、辅助生产费用的归集与核算

（一）辅助生产费用的归集

辅助生产费用的归集和分配是通过“辅助生产成本”账户进行的。“辅助生产成本”是一个成本类账户，一般应按车间设置二级账，并按产品或劳务的种类设置明细账。辅助生产车间发生的各项费用，应记入该科目的借方；辅助生产完工产品和劳务的成本，应从该科目的贷方转出。该科目如果有余额，余额在借方，为辅助生产车间的在产品成本。

（二）辅助生产制造费用的处理

辅助生产车间发生的制造费用，有两种处理方法，一种是通过“制造费用”成本项目进行处理，另一种是直接计入“辅助生产成本”。

在通常情况下，辅助生产车间发生的制造费用，应该与基本生产车间发生的制造费用一样，先通过“制造费用”总账账户和所属辅助生产制造费用明细账的借方进行归集，然后转入“辅助生产成本”的借方，再从其贷方直接转入或分配转入“辅助生产成本”账户，计入辅助生产产品或劳务的成本。在这种处理方法下，辅助生产成本明细账如表 3-16 所示。

表 3-16　　**辅助生产成本明细账**

车间：　　　　　　年　月

年		凭证号数	摘　要	直接材料	直接人工	制造费用	合计
月	日						

在辅助生产车间规模很小，制造费用很少，而且辅助生产不提供商品产品，因而不需要按照规定的成本项目计算产品成本、编制产品生产成本报表的情况下，为了简化核算工作，辅助生产车间发生的制造费用也可以不通过“制造费用”归集，而直接计入“辅助生产成本”账户的借方，计入辅助生产产品或劳务的成本。在这种处理方法下，辅助生产成本明细账可采用如表 3-17 所示的格式。

表 3-17 **辅助生产成本明细账**

车间： 年 月

年		凭证号数	摘　　要	材料费用	人工费用	折旧费用	办公费用	……	合计
月	日								

（三）辅助生产费用归集的会计处理

辅助生产费用归集的会计处理就是将生产经营过程中发生的辅助生产费用，通过会计记账凭证并汇集到辅助生产明细账上的过程。

【例 3-14】 2007 年 8 月，宇锋制造有限公司共计提固定资产折旧 15 660 元，其中：第一生产车间 3 963. 68 元，第二生产车间 4 133. 14 元，供水车间 2 436. 92元，机修车间 4 166. 98 元，企业管理部门 4 923. 14 元；另外用现金支付两个辅助车间零星开支 961 元，其中：供水车间 393 元，机修车间 568 元。

根据上述资料，编制会计分录如下：

【会计分录 7】

借　生产成本——基本生产成本—DK-Ⅰ—制造费用

辅助生产成本—供水车间—制造费用

2 436. 92

机修车间—制造费用

4 166. 80

管理费用　4 923. 14

制造费用——第二生产车间　4 133. 14

贷　累计折旧　15 660

【会计分录 8】

借　生产成本——辅助生产成本—供水车间—制造费用　393

机修车间—制造费用　568

贷　现金　961

根据会计分录 7 和 8，将发生的折旧费用和零星开支分别登记到生产成本、制造费用、管理费用等总分类账户和明细分类账户中，其登记结果见表 3-18、表 3-19、表 3-25 等。

表 3-18　　**辅助生产成本明细账**

生产车间：供水车间　　产品：冷热水

06年		凭证		摘　要	成本项目			合　计
月	日	字	号		直接材料	直接人工	制造费用	
8			1	分配原材料费用	26 600			26 600
			2	分配动力费用			1 827.50	1 827.50
			4	领用低值易耗品	600			600
			5	分配工资费用		8 897		8 897
			6	计提福利费用		1 245.58		1 245.58
			7	计提折旧			2 436.92	2 436.92
			8	支付零星费用			393	393
8	30			本月合计	27 200	10 142.58	4 657.42	42 000
			9	结转当月费用	27 200	10 142.58	4 657.42	42 000

表 3-19　　**辅助生产成本明细账**

生产车间：机修车间　　产品：修理劳务

06年		凭证		摘　要	成本项目			合　计
月	日	字	号		直接材料	直接人工	制造费用	
8			1	分配原材料费用	1 700			1 700
			2	分配动力费用			2 380	2 380
			4	领用低值易耗品	700			700
			5	分配工资费用		7 443		7 443
			6	计提福利费用		1 042.02		1 042.02
			7	计提固定资产折旧			4 166.98	4 166.98
			8	支付零星费用			568	568
8	30			本月合计	2 400	8 485.02	7 114.98	18 000
			9	结转当月费用	2 400	8 485.02	7 114.98	18 000

由表 3-18 和表 3-19 的明细账可知，供水车间和机修车间当月发生的费用总额分别为 42 000 元和 18 000 元。

三、辅助生产费用的分配与核算

（一）辅助生产费用分配的程序

归集在“辅助生产成本”账户及其明细账借方的辅助生产费用，由于辅助生产车间所生产的产品和提供的劳务的种类不同，费用转出、分配的程序也是有区别的。

如果辅助生产车间提供的是产品，如工具、模具和修理用备件等，则其归集的成本，应在产品完工时，从“辅助生产成本”账户的贷方，分别转入“低值易耗品”和“原材料”账户的借方；各车间、部门领用时，再按照存货的核算方法，根据具体用途和数量，一次或分次转入有关的成本、费用账户。

如果辅助生产车间提供的是劳务或作业，如水、电、气、修理和运输等，则所归集的成本，应根据各受益单位的耗用量，在各受益单位之间进行分配，即从“辅助生产成本”账户的贷方，转入“基本生产成本”、“制造费用”、“管理费用”、“销售费用”等账户的借方。

（二）辅助生产费用分配的方法

辅助生产费用的分配，是通过编制“辅助生产费用分配表”来进行的，不同的分配方法，所运用的分配表的格式是略有不同的。辅助生产费用通常采用的分配方法有：直接分配法、顺序分配法、交互分配法、代数分配法和计划成本分配法。

1. 直接分配法

直接分配法，是指各辅助生产车间发生的费用，直接分配给辅助生产以外的各受益产品或单位，辅助生产车间之间相互提供的产品和劳务不相互分配费用的一种方法。其计算公式如下：

$$\text{辅助生产费用分配率}=\frac{\text{辅助生产费用总额}}{\text{辅助生产车间外的受益对象劳务总量}}$$

$$\text{某受益对象应分配的费用金额}=\text{该受益对象耗用量}\times\text{辅助生产费用分配率}$$

直接分配法是一种一次性的对外分配费用的方法，它不考虑各辅助生产车间之间相互提供产品或劳务的情况，因而计算手续较为简便，但由于各辅助生产车间之间相互提供的产品或劳务不分配费用，影响了辅助生产成本计算的完整性，所以这种方法一般只适宜在辅助生产车间内部相互提供产品或劳务不多的情况下采用。

【例 3-15】 2007 年 8 月，宇锋制造有限公司辅助生产车间生产产品和提供劳务的劳务数量及受益情况如表 3-20 所示。

表 3-20　**宇锋制造有限公司辅助生产车间提供劳务数量及受益情况表**

项　目	辅助车间		第一生产车间	第二生产车间	行管部门	合计
	供水	机修				
供水劳务（吨）		1 500	3 500	8 000	1 000	14 000
机修劳务（时）	500		1 400	1 600	1 000	4 500

做一做

根据表 3-20 的资料，运用直接分配法计算、确定两个车间的分配率。

供水车间费用分配率 =

机修车间费用分配率 =

宇锋制造有限公司编制的辅助生产费用分配表如表 3-21 所示。

表 3-21　**宇锋制造有限公司辅助生产费用分配表（直接分配法）**

2007 年 8 月　　金额单位：元

项　目				供水车间	机修车间	合计
应分配费用总额				42 000	18 000	60 000
提供的应分配劳务总量				12 500	4 000	—
费用分配率				3. 36	4. 5	—
应借账户	基本生产成本	DK- Ⅰ	耗用数量	3 500	1 400	—
			承担费用	11 760	6 300	18 060
	制造费用	二车间	耗用数量	8 000	1 600	—
			承担费用	26 880	7 200	34 080
	管理费用		耗用数量	1 000	1 000	—
			承担费用	3 360	4 500	7 860
分配费用合计				42 000	18 000	60 000

会计主管：赵星明　　复核：孙武　　制单：吴安琢

根据辅助生产费用分配表，编制会计分录如下：

【会计分录9】

借　生产成本——基本生产成本—DK-Ⅰ—制造费用	18 060	
管理费用	7 860	
制造费用——第二生产车间	34 080	
贷　生产成本——辅助生产成本—供水车间		42 000
机修车间		18 000

根据会计分录9，将辅助生产费用的分配额分别登记到相关账户记录中，其登记结果见表3-25等。下面几种分配方法的账户登记过程与方法比照直接分配法进行，后面不再详述。

想一想

直接分配法在计算分配率时，分母是不是辅助生产车间提供的劳务总量?为什么要作出扣除?扣除的劳务量的成本到哪里去了?

2. 顺序分配法

顺序分配法是将各辅助车间按受益和提供服务的多少排序，然后依次将辅助生产费用分配给受益的其他部门和排序在后的辅助车间的一种分配方法。在这种方法下，首先是将辅助车间按受益情况和劳务状况进行排序，受益少、提供劳务多的车间排在前，受益多、提供劳务少的车间排在后；然后按照排序的顺序进行辅助生产费用分配，排序在前的车间将待分配费用分配给排序在后的车间，排位在后的辅助生产车间要承担排位在前的辅助生产车间的费用，而排位在后的辅助生产车间不承担排位在前的辅助生产车间的费用。

在顺序分配法下，将进行费用的多次分配，但各辅助生产车间归集的费用只分配一次，这次分配既分配给辅助生产以外的受益单位，又分配给排列在后面的其他辅助生产车间或部门。所以，计算工作量会有所增加，分配结果的正确性也受到一定的影响，它主要适用于辅助生产车间多、相互提供劳务金额相差较大的企业。

3. 交互分配法

(1) 交互分配法的含义。将待分配的辅助生产费用先在辅助车间之间分配，然后再对辅助车间以外的受益对象和单位分配的一种分配方法。具体地说就是首先根据辅助生产车间相互提供的劳务量和交互分配前的费用分配率进行一次交互分配，然后将归集的辅助生产车间交互分配后的实际费用（即交互分配前的费用加上交互分配转入的费用，减去交互分配转出的费用），再按其提供给辅助生产车间之外各受益单位的劳务量进行分配的方法。

（2）交互分配法的特点。交互分配法的基本特点是对各辅助生产车间的费用进行两次分配，即对内分配和对外分配。对内分配也叫交互分配，是在辅助生产车间之间的互相分配。交互分配是按待分配费用和总的提供量计算分配率，然后乘以对其他车间的提供量计算应结转其他辅助车间的费用。它以辅助生产车间归集的费用金额为分配对象，通过分配来完成辅助生产车间之间互相提供产品和劳务的费用分配问题。对外分配是将交互分配后的调整金额在辅助生产车间外的受益对象进行的分配。即根据对内分配结果，重新计算辅助车间的待分配费用，在辅助生产车间以外的受益单位进行分配。它以交互分配后的调整额为分配对象，通过分配来完成对外提供产品和劳务的费用分配问题。

（3）交互分配法的计算公式。在交互分配法下，进行费用的分配，其关键是确定费用分配率。其计算公式如下：

第一次分配：交互分配。

$$\text{辅助生产费用交互分配率}=\frac{\text{辅助生产费用总额}}{\text{辅助生产车间的劳务总量}}$$

$$\text{某受益对象应分配的费用金额}=\text{该受益对象耗用量}\times\text{辅助生产费用交互分配率}$$

第二次分配：对外分配。

$$\text{辅助生产费用对外分配率}=\frac{\text{辅助生产费用调整金额}}{\text{辅助生产车间外的受益对象劳务总量}}$$

$$\text{某受益对象应分配的费用金额}=\text{该受益对象耗用量}\times\text{辅助生产费用对外分配率}$$

其中：辅助生产费用调整金额等于辅助生产车间归集的费用金额加上其他辅助生产车间分配费用金额减去分给其他辅助生产车间费用金额；辅助生产车间外的受益对象劳务总量可运用辅助生产车间的劳务总量扣除已分配的辅助生产车间的劳务量求得，也可以将辅助生产车间外的劳务量相加求得。

【例 3-16】 依【例 3-15】的资料，运用交互分配法分配辅助生产费用如表 3-22 所示。

表 3-22 **宇锋制造有限公司辅助生产费用分配表（交互分配法）**

2007 年 8 月 金额单位：元

项目	对内（交互）分配			对外分配		
	供水	机修	合计	供水	机修	合计
待分配费用总额	42 000	18 000	60 000	37 500	22 500	60 000
提供的应分配劳务总量	14 000	4 500	—	12 500	4 000	—

续表

项目				对内（交互）分配			对外分配		
				供水	机修	合计	供水	机修	合计
费用分配率				3	4		3	5.625	—
应借账户	辅助生产成本	供水	耗用数量	—	500	—			
			承担费用	—	2 000	2 000			
		机修	耗用数量	1 500	—	—			
			承担费用	6 500	—	6 500			
	分配费用合计			6 500	2 000	8 500			
	基本生产成本	DK-Ⅰ	耗用数量				3 500	1 400	—
			承担费用				10 500	7 875	18 375
	制造费用	二车间	耗用数量				8 000	1 600	—
			承担费用				24 000	9 000	33 000
	管理费用		耗用数量				1 000	1 000	—
			承担费用				3 000	5 625	8 625
	分配费用合计						37 500	22 500	60 000

会计主管：赵星明　　　　复核：孙武　　　　制单：吴安琢

表 3-22 中各费用分配率的计算如下：

做一做

运用直接分配法计算确定两个车间的分配率。

①对内分配：供水车间费用分配率 =

　　　　　　机修车间费用分配率 =

②对外分配　供水车间费用分配率 =

　　　　　　机修车间费用分配率 =

根据辅助生产费用分配表，编制会计分录如下：

① 对内分配

借　生产成本——辅助生产成本—供水—制造费用　　2 000
　　　　　　　　　　　　　　　机修—制造费用　　6 500
　贷　生产成本——辅助生产成本—供水车间　　6 500
　　　　　　　　　　　　　　　机修车间　　2 000

② 对外分配

借　生产成本——基本生产成本—DK-Ⅰ—制造费用　　18 375
　管理费用　　8 625
　制造费用——第二生产车间　　33 000
　贷　生产成本——辅助生产成本—供水车间　　37 500
　　　　　　　　　　　　　　　机修车间　　22 500

采用交互分配法，由于在各辅助生产车间内部相互提供产品或劳务全都进行了分配，所以分配结果较为准确，反映了各部门之间相互服务的关系，同时也能促使各辅助生产车间降低相互之间的消耗。但各辅助生产费用要计算两个分配率，进行两次分配，因而增加了计算工作量，同时各辅助车间的劳务结算只能等其他辅助车间费用转入后才能进行费用调整，因而影响成本分配的及时性。正因为如此，这各种方法就常被辅助生产车间不多的企业所运用。

想一想

直接分配法与交互分配法在分配率的计算和账务处理上有什么不同？你认为谁的结果更准确？为什么？

4. 代数分配法

代数分配法，是指应用代数中多元一次方程式的原理进行辅助生产费用分配的一种方法。这种方法是通过设立未知数表示各辅助生产车间劳务单位成本，并根据辅助生产车间相互服务的关系，以及各辅助生产车间之间已归集的费用和提供劳务总量建立方程组，以解出各辅助生产车间劳务单位成本，进而将辅助生产费用在各单位之间进行分配。

采用这种方法，首先应根据各辅助生产车间提供的劳务量和归集的费用，建立多元一次联立方程，通过解方程求得各辅助生产车间的费用分配率；然后根据各受益部门的受益量和费用分配率，计算分配辅助生产费用。

【例 3-17】　依【例 3-15】的资料，运用代数分配法，设供水车间的费用分配率为 X，机修车间的费用分配率为 Y，依题意则有：

$$\begin{cases}42000+500Y=14000X\\18000+1500X=4500Y\end{cases}$$

解得：$X=3.1807$　　$Y=5.0596$

根据计算结果，编制辅助生产费用分配表如表3-23所示。

表3-23　　**宇锋制造有限公司辅助生产费用分配表（代数分配法）**

2007年8月　　　　金额单位：元

项目				供水车间	机修车间	合计
应分配费用总额				42 000	18 000	60 000
提供的劳务总量				14 000	4 500	—
费用分配率				3. 1807	5. 0596	—
应借账户	生产成本	供水	耗用数量	—	500	—
			承担费用	—	2 529. 8	2 529. 80
		机修	耗用数量	1 500	—	—
			承担费用	4 771. 05	—	4 771. 05
		DK-Ⅰ	耗用数量	3 500	1 400	—
			承担费用	11 132. 45	7 083. 44	18 215. 89
	制造费用	二车间	耗用数量	8 000	1 600	—
			承担费用	25 445. 6	8 095. 36	33 540. 96
	管理费用		耗用数量	1 000	1 000	—
			承担费用	3 180. 7	5 059. 6	8 240. 30
分配费用合计				44 529. 8	22 768. 2	67 298

会计主管：赵星明　　　　复核：孙武　　　　制单：吴安琢

想一想

在上表中，分配金额合计数为67 298元，比两车间应分配费用总额60 000元多出了7 298元，你知道这是为什么吗？

根据辅助生产费用分配表的分配结果，编制会计分录如下：

① 分配供水车间辅助生产费用的会计分录

借　生产成本——辅助生产成本—机修—制造费用　　4 771. 05

　　生产成本——基本生产成本—DK-Ⅰ—制造费用　　11 132. 45

　　管理费用　　3 180. 7

　　制造费用——第二生产车间　　25 445. 6

　　贷　生产成本——辅助生产成本—供水车间　　44 529. 8

② 分配供水车间辅助生产费用的会计分录

借　生产成本——辅助生产成本—供水—制造费用　　2 529.8
　　生产成本——基本生产成本—DK-Ⅰ—制造费用　　7 083.44
　　管理费用　　5 059.6
　　制造费用——第二生产车间　　8 095.36
　　贷　生产成本——辅助生产成本—供水车间　　22 768.2

在辅助生产费用分配的各种方法中，采用代数分配法的费用成本分配结果最正确。但是，当企业的辅助生产车间较多时，需设立的未知数就多，建立的方程组中的方程也就多，计算起来是比较麻烦的，因此这种方法通常被会计工作实现了电算化的企业所采用。

5. 计划成本分配法

计划成本分配法是指按照各受益部门所耗用的劳务总量和事先制定的计划单位成本，向各受益部门分配辅助生产费用，并将其调整为实际成本的方法。其计算公式如下：

$$\text{某受益对象应分配的费用金额} = \text{该受益对象耗用量} \times \text{辅助生产费用计划单位成本}$$

计划成本分配法的基本特点是进行两步分配。第一步是计划分配，即在所有受益对象中按计划单位成本和实际受益量，计算分配的辅助生产费用；第二步是差额分配，即将按计划成本计算的分配额和各辅助生产车间实际成本之间的差额，进行追加分配。追加分配时，可以采取直接分配法，将差异额分配给辅助车间以外的受益对象或单位，也可以采取直接计入法，将差异额直接转入“管理费用”账户。

【例 3-18】　依【例 3-15】的资料，假设供水车间每吨水的计划成本为 3.15 元，机修车间每修理工时的计划成本为 4.75 元。采用计划成本分配法对辅助生产费用进行分配，成本差异额计入管理费用，则费用分配情况如表 3-24 所示。

表 3-24　　**宇锋制造有限公司辅助生产费用分配表（计划分配率法）**

2007 年 8 月　　　　金额单位：元

项　目	供水车间	机修车间	合计
应分配费用总额	42 000	18 000	60 000
提供的劳务总量	14 000	4 500	—
计划分配率	3.15	4.75	—

续表

项目				供水车间	机修车间	合计
应借账户	生产成本	供水	耗用数量	—	500	—
			承担费用	—	2 375	2 375
		机修	耗用数量	1 500	—	—
			承担费用	4 725	—	4 725
		DK-Ⅰ	耗用数量	3 500	1 400	—
			承担费用	11 025	6 650	17 675
	制造费用	二车间	耗用数量	8 000	1 600	—
			承担费用	25 200	7 600	32 800
	管理费用		耗用数量	1 000	1 000	—
			承担费用	3 150	4 750	7 900
计划分配费用合计				44 100	21 375	65 475
辅助生产实际成本				44 375	22 725	67 100
成本差异额				275	1 350	1 625

会计主管：赵星明　　复核：孙武　　制单：吴安琢

辅助生产车间的实际成本是辅助生产明细账所归集的待分配费用，加上第一步计划分配从其他辅助生产车间转入的费用。

根据辅助生产费用分配表的分配结果，编制会计分录如下：

①分配供水车间辅助生产费用的会计分录

借　生产成本——辅助生产成本—机修—制造费用　4 725
　　生产成本——基本生产成本—DK-Ⅰ—制造费用　11 025
　　管理费用　3 150
　　制造费用——第二生产车间　25 200
　　贷　生产成本——辅助生产成本—供水车间　44 100

②分配供水车间辅助生产费用的会计分录

借　生产成本——辅助生产成本—供水—制造费用　2 375
　　生产成本——基本生产成本—DK-Ⅰ—制造费用　6 650
　　管理费用　4 750
　　制造费用——第二生产车间　7 800
　　贷　生产成本——辅助生产成本—供水车间　21 375

③成本差异额的会计处理

借　管理费用　　　　　　　　　　　　　　　　　　　　1 625

　　贷　生产成本——辅助生产成本—供水车间　　　　　　　275

　　贷　生产成本——辅助生产成本—供水车间　　　　　　1 350

采用计划成本分配法，可以简化和加速分配的计算工作，便于考核和分析各受益单位的经济责任。采用计划成本分配法分配辅助生产费用，无需计算费用分配率，简化了费用计算手续，同时也不必等到辅助生产车间的实际费用计算后再分配，又加速了会计核算速度，还可及时了解各辅助生产费用的超支和节约的原因,便于考核和分析各辅助生产车间和各受益单位的经济责任。但由于按计划成本进行辅助生产费用的分配将影响到辅助生产核算的准确性,因此这种方法适用于计划管理水平较高、计划成本资料完整并较为接近实际的企业。

想一想

辅助生产费用分配的五种方法在费用分配的次数、内部分配的情况和分配结果的准确性等方面有何不同?

第五节　制造费用的会计处理

一、制造费用的构成内容与会计处理程序

（一）制造费用的构成内容

制造费用是指企业生产车间在组织产品生产或提供劳务过程中所发生的应该计入产品成本，但没有专设成本项目的各项生产费用。制造费用是应该归属于产品成本的，是产品成本中除了直接材料和直接人工费用以外的所有费用，它由以下内容构成：

1. 直接生产费用

直接生产费用是直接用于产品生产，但在管理上不要求或核算上不方便单独核算，而没有专设成本项目的费用，如机器设备的折旧费、修理费、租赁费、保险费、生产工具的摊销、设计制图费等。

2. 间接生产费用

间接生产费用是间接用于产品生产的费用，如车间生产用房屋的折旧费、修理费、租赁费、机物料消耗，车间生产用的照明费、取暖费、劳动保护费，车间生产用固定资产的季节性或大修理期间的停工损失等。

3. 组织管理生产费用

组织管理生产费用是车间在组织和管理生产过程中发生的费用，如车间管

理用房屋的折旧费、修理费、租赁费、保险费，车间管理人员工资与福利费用，车间生产用的照明费、取暖费、差旅费和办公费等。

制造费用的大部分是间接生产费用，但也包括一部分直接生产费用以及组织和管理费用，它们共同构成了管理费用的基本内容。

（二）制造费用的构成项目

制造费用的会计处理是通过设置相应的费用项目来进行的，费用项目的设置要便于企业之间以及企业不同时期之间进行制造费用的分析和考核，为此制造费用构成项目必须规定统一。为了简化制造费用的会计处理，体现上述设置原则，因制造费用的内容构成复杂，制造费用的项目设置并不以其构成来分类设置，而是按费用的经济性质或经济用途，将性质相近或内容相同的费用合并进行设立的。构成制造费用明细项目主要有：工资及福利费、折旧费、修理费、保险费、机物料消耗费、经常性租赁费、保险费、低值易耗品摊销、水电费、取暖费、办公费、劳动保护费、差旅费、设计制图费、试验检验费、在产品盘亏、毁损与报废（减盘盈），以及季节性和修理期间停工损失等。在实际工作中，企业也可以根据管理需要和费用发生的具体情况对上述部分费用项目进行合并或细分，但这种增删应遵循一致性的会计原则，以保证成本费用资料的可比性。

（三）制造费用的会计处理程序

制造费用的会计处理，是通过“制造费用”总账科目来完成的。“制造费用”账户用来反映企业在一定时期内的制造费用的分配及其分配情况，其借方归集企业界在一定时期发生的全部制造费用，贷方反映制造费用的分配，月末一般无余额。它先通过这个账户把发生的制造费用汇集在一起，然后按一定的分配标准分配计入各个成本对象。所以制造费用的会计处理包括两个步骤，即归集和分配。其会计处理程序如图 3-3 所示。

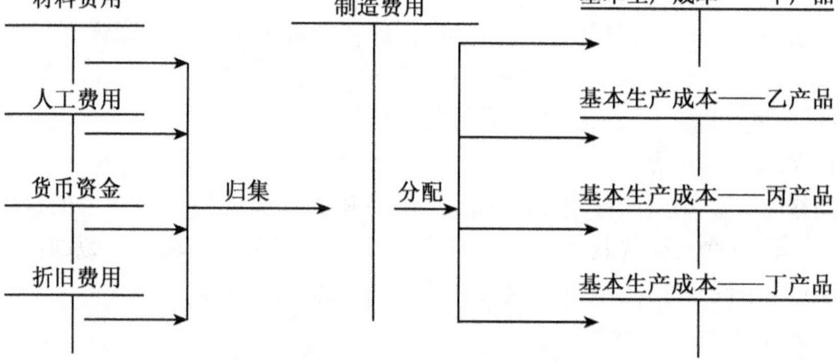

图 3-3　制造费用会计处理程序

二、制造费用的归集与核算

企业发生的各项制造费用，应按其用途和发生地点进行归集，根据付款凭证、转账凭证和各种费用分配表以及有关费用凭证，借记“制造费用”账户及所属的有关明细账，贷记“原材料”、“应付工资”、“应付福利费”、“银行存款”、“累计折旧”、“待摊费用”、“预提费用”等账户。通过“制造费用”账户的借方，汇总了企业一定时期车间或分厂为组织和管理生产而发生的各项间接费用。月末，将全部分配转入“生产成本”账户，计入产品的制造成本。

对于辅助生产车间发生的制造费用，如果是通过“制造费用”账户进行核算的，就比照基本生产车间进行核算；如果不通过“制造费用”账户核算，则应全部计入“辅助生产成本”账户。

制造费用的归集是通过制造费用明细账来进行的，其格式如表 3-25 所示。

【例 3-19】 根据 2007 年 8 月份发生的经济业务及会计凭证，经过会计处理，宇锋制造有限公司第二生产车间的制造费用明细账如表 3-25 所示。

表 3-25 **制造费用明细账**

生产车间：第二生产车间 2007 年 8 月

年		凭证		摘　　要	借方项目						
月	日	字	号		材料	水电	工资	福利	折旧	辅助	合计
			1	领用原材料	940						940
			2	分配水费		1 130. 5					1 130. 5
			4	低值易耗品	1 300						1 300
			5	分配工资			3 874				3 874
			6	计提福利费				542. 36			542. 36
			7	计提折旧					4 133. 14		4 133. 14
			9	辅助生产成本						34 080	34 080
8				本月费用合计	2 240	1 130. 5	3 874	542. 36	4 133. 14	34 080	46 000
			10	分配结转	2 240	1 130. 5	3 874	542. 36	4 133. 14	34 080	46 000

三、制造费用的分配与核算

（一）制造费用的分配原理

1. 制造费用计入产品成本的方法

制造费用是产品成本的主要构成项目，无论是基本生产车间还是辅助生产车间，所发生的制造费用都必须计入产品的生产成本之中。制造费用计入产品成本的方法，有直接计入法和分配计入法。在只生产一种产品的车间，制造费用可以直接计入该种产品生产成本；在生产多种产品的车间中，制造费用则应该采用既合理又较简便的分配方法，分配计入各种产品的生产成本。

辅助生产制造费用通过“制造费用”科目核算的企业，应先分配辅助生产制造费用，将其计入辅助生产成本；然后分配辅助生产费用，将其中应由基本生产车间负担的费用计入基本生产车间的产品成本；最后再分配基本生产车间的制造费用。

2. 制造费用的分配程序

从制造费用的分配过程来看，企业应先进行辅助生产车间制造费用的分配，再进行基本生产车间制造费用的分配，其分配程序是：

第一，将辅助生产车间的制造费用直接转入或分配转入相应的辅助生产成本明细账；第二，按照费用用途分配辅助生产费用，分别计入基本车间制造费用、管理费用和产品销售费用等；第三，将基本生产车间的制造费用分配转入或直接转入基本生产成本明细账，归集基本生产成本。

（二）制造费用的分配方法

合理分配制造费用的关键是正确选择分配标准，选择分配标准的原则是：分配标准的资料必须容易取得且与制造费用存在客观的因果关系，通常情况下包括工时、工资和产量等。对制造费用进行分配，采取的方法通常有生产工时比例法、生产工人工资比例法、机器工时比例法和按年度计划分配率分配法等。

1. 工时比例法

工时比例法是以各种产品所消耗的直接生产工人的生产工时为标准，分配制造费用的一种方法。按生产工时比例分配是较为常用的一种分配方法，它能将劳动生产率的高低与产品负担费用的多少联系起来，分配结果比较合理。由于工资费用分配表中有现成的生产工人工资的资料，所以按生产工人工资比例分配制造费用核算工作很简便。

【例 3-20】 宇锋制造有限公司按工时分配制造费用，第二生产车间产品实际生产工时如前所述分别为 1 600 小时和 2 400 小时，则其制造费用的分配如表 3-26 所示。

表 3-26　　　　　　　　**宇锋制造有限公司制造费用分配表**

生产车间：第二车间　　　　　　2007 年 8 月　　　　　　金额单位：元

应借账户			成本费用项目	生产工时	分配率	分配金额
总账	二级账	明细账				
生产成本	基本生产成本	DK-Ⅱ	制造费用	1 600		18 400
		DK-Ⅲ	制造费用	2 400		27 600
合　计				4 000	11.5	46 000

会计主管：赵星明　　　　　　复核：孙武　　　　　　制单：吴安琢

根据费用分配表编制会计分录如下：

【会计分录 10】

借　生产成本——基本生产成本—DK-Ⅱ—直接人工　　18 400

　　　　　　　　　　　　　　DK-Ⅲ—直接人工　　27 600

　　贷　制造费用——第二生产车间　　　　　　　　　46 000

根据会计分录 10，登记“生产成本”和“制造费用”账户总账和明细账。

2. 工资比例法

工资比例法是以计入各种产品成本的生产工人的工资为标准，分配制造费用的一种方法。由于工资费用分配表中有现成的生产工人工资的资料，所以按生产工人工资比例分配制造费用核算工作很简便。但是采用这一方法，各种产品生产的机械化程度应相差不多，否则机械化程度高的产品，由于工资费用少，分配负担的制造费用也少，影响费用分配的合理性。

如果生产工人工资是按照生产工时比例分配计入各种产品成本的，那么，按照生产工人工资比例分配制造费用，实际上也就是按照生产工时比例分配制造费用。

3. 机时比例法

机时比例法是以各种产品生产所用机器设备的运转工作时数的比例分配制造费用的一种方法。这种方法适合于机械化程度和自动化程度较高的生产车间，因为这些车间归集的制造费用中，与机器设备使用有关的费用（如折旧、修理和动力等费用）占比重比较大，而这一部分费用与机器设备运转的时间有着密切的联系，因此按机器工时分配制造费用是比较合理的。在采用这种方法时，必须具备各种产品所用机器工时的原始记录。

4. 年度计划分配率法

年度计划分配率法是根据企业正常生产经营条件下的年度制造费用计划数

和计划的定额标准数，事先计算分配率，然后按计划分配率分配制造费用的方法。

在年度计划分配率法下，制造费用的分配通常是按以下步骤来进行的：

第一步——年初确定计划分配率。其计算公式如下：

$$年度计划分配率=\frac{年度制造费用计划总额}{年度计划产量的定额标准总数}$$

第二步——每月月末分配制造费用。其分配公式如下：

$$\begin{matrix}某月某种产品应\\负担的制造费用\end{matrix}=\begin{matrix}该月该种实际产\\量的定额标准\end{matrix}\times 制造费用计划分配率$$

第三步——年末进行差异调整。计划分配额与实际发生额之间的差额，在年终进行一次性调整。调整方法是按各产品已分配制造费用的比例进行再分配。

需要说明的是：第一，采用这种分配方法，不管各月实际发生的制造费用是多少，每月各种产品中的制造费用都按年度计划分配率进行分配，但在年度内如果发现全年的制造费用实际数和产量实际数与计划可能发生较大的差额时，应及时调整计划分配率。第二，采用这种分配方法时，制造费用明细账以及与之相联系的“制造费用”总账科目，月末可能会有余额，若余额在借方，表示超过计划所预计费用，属于待摊费用，为资产；若余额在贷方，则表示按照计划应付而未付的费用，属于预提费用，为负债。对于这种月末余额，一般不进行处理，只有在年末时才进行一次性处理。第三，“制造费用”科目的年末余额，就是全年制造费用的实际发生额与计划分配额之间的差额，一般是调整计入12月份的产品成本，借记“生产成本”科目，贷记“制造费用”科目，如果实际发生额大于计划分配额，用蓝字补加，否则用红字冲减。

想一想

采用年度计划分配率法分配制造费用，会出现什么结果？为什么会出现这种情况？应如何进行处理？这种方法有何好处？

【例3-21】 隆盛制造企业某车间全年生产A、B两种产品，计划产量分别为5 000件和3 000件，单位产品定额工时分别为6小时和5小时。全年计划制造费用总额为315 000元。假定12月份的实际产量为：A产品450件，B产品280件。若12月初“制造费用”账户有借方余额1 000元，12月份实际发生的制造费用27 200元。

根据企业有关资料，运用年度计划分配率对制造费用进行会计处理如下：

①确定年度计划分配率

年度计划分配率 = 315 000 ÷（5 000 × 6 + 3 000 × 5）= 7（元/小时）

②分配 12 月份的制造费用

A 产品分配额 = 450 × 6 × 7 = 18 900（元）

B 产品分配额 = 280 × 5 × 7 = 9 800（元）

会计分录　借　生产成本—基本生产成本—A 产品　　18 900

　　　　　　　　　　　　　　　　　　　　B 产品　　9 800

　　　　　贷　制造费用　　　　　　　　　　　　　　　28 700

③ 分配调整年度差异额

"制造费用"账户 12 月末余额 = 1 000 + 27 200 − 28 700 = −500 元（贷）

制造费用差异分配率 = −500 ÷（18 900 + 9 800）= −1.74%

A 产品年末应负担的差异 = 18 900 ×（−1.74%）= −328.86

B 产品年末应负担的差异 = −500 −（−328.86）= −171.74

会计分录　借　生产成本—基本生产成本—A 产品　　328.86

　　　　　　　　　　　　　　　　　　　　B 产品　　171.14

　　　　　贷　制造费用　　　　　　　　　　　　　　　500

第六节　生产损失的会计处理

一、生产损失的核算内容

（一）生产损失及核算范围

生产损失是指企业在生产过程中由于原材料和半成品不符合要求、生产工人违规操作、机器设备故障等原因，导致企业不能正常生产产品而发生的耗费。主要包括废品损失和停工损失两种，由于这两种损失都与产品的生产有关，因此应计入相应的产品成本，由产品的制造成本承担。

1. 废品损失及核算范围

废品是指不符合规定的技术标准，不能按照原定用途使用，或者需要重新加工修理后才能使用的在产品、半成品和产成品。废品按其能否修复分为可修复废品和不可修复废品。可修复废品是经过修理后可按照原用途使用，而且花费的修复费用在经济上合算的废品；不可修复废品则是指无法修复或可以修复但所花费的代价不合算的废品。废品按其产生原因分为工废品和料废品。工废品是生产工人操作不当而造成的废品；料废品是由于材料质量不符合要求而造成的废品。

废品损失是指生产过程中因出现废品而发生的损失。废品损失的核算内容包括在生产过程中发现的、入库后发现的各种废品的报废损失和修复费用，具体说是可修复废品的修复费用和不可修复废品的生产成本扣除残值和责任赔款后的净损失。但下列损失不得列为其核算范围：(1) 应由过失或责任人赔偿的废品损失；(2) 可以降价出售的不合格品的降价损失；(3) 入库后管理不善造成的损坏变质损失；(4) "三包"企业产品出售后发现的废品的所有损失。

2. 停工损失及核算范围

停工是指企业生产过程的中断。企业的停工可分为计划内停工和计划外停工。计划内停工是指计划规定的停工，如计划减产、季节性停产等；计划外停工是指各种事故造成的停工，如停产待料、电力中断、设备故障、非常灾害等停工。

停工损失是指因停工而发生的各种费用。停工损失的核算内容是停工期间支付的生产工人的工资与福利、耗用的材料与动力及应负担的制造费用。但季节性停工损失不在此列，通常待摊和预提的方式处理，转由生产期间的产品成本负担；停工不足一个工作日的，通常也不计算停工损失。

(二) 生产损失的处理方法

企业发生的生产损失，原则上由本期完工产品负担，月末在产品通常不承担生产损失费用。在会计处理上，生产损失的核算有两种方式，即单独核算和不单独核算。如果企业生产损失属于偶尔发生，金额较小，对产品成本影响不大，平时发生各种损失时就包含在正常成本项目之中；如果企业生产损失经常发生，且金额较大，对产品成本影响较大，为加强对损失费用的管理，则需要单独设置"废品损失"和"停工损失"账户和成本项目来归集损失费用。

"废品损失"账户的借方登记不可修复废品的生产成本和可修复废品的修复成本，贷方登记回收的废品残值、责任人赔款和分配转出的废品净损失，月末一般无余额。"废品损失"账户应按生产车间或产品设置明细账。

"停工损失"账户的借方归集本月发生的停工损失，贷方登记分配结转的停工损失，月末一般无余额。"废品损失"账户应按生产车间分户设置明细账。

想一想

生产损失是不是一定要设"废品（停工）损失"账户来进行核算？

二、废品损失的会计处理

（一）不可修复废品损失的会计处理

不可修复废品的会计处理，要解决两个问题：一是损失费用的确定，由于不可修复废品损失是指净损失而且包含在合格产品成本之内，因此确定损失费用首先要采用一定的方法，从当期生产费用中剥离出不可修复废品的已耗成本，然后再扣除残值和责任赔款得出净损失费用；损失费用的确定是通过编制“废品损失计算表”来完成的，其格式如表 3-27 所示。二是损失费用的核算，即对损失费用的确定过程进行会计核算。

不可修复废品已耗成本的计算，一般有两种方法：实际成本法和定额成本法。

1. 按实际成本计算不可修复废品成本

采用这一方法，就是在废品报废时根据废品和合格品发生的全部实际生产费用，采用一定的分配标准和方法，在合格品与废品之间进行分配。

当不可修复废品发生在完工入库时，合格品与废品应承担同等的费用，应以产量为二者的分配标准。其计算公式如下：

费用分配率 = 待分配生产费用/（合格品数量 + 不可修复废品数量）

不可修复废品应承担的费用 = 不可修复废品数量 × 费用分配率

当不可修复废品发生在生产过程之中，若材料一次投入，则材料费用应以产量为分配标准，其他费用以工时为分配标准；若材料分次投入，且与完工程度一致，则费用分配应以约当产量为分配标准，计算时只将分母进行替换即可。

【例 3-22】 隆盛制造企业三车间 2007 年 6 月完工 C 产品 3 000 件，经入库验收有 2 955 件合格品，45 件不可修复废品。本月生产共耗用直接材料 30 000元，发生直接人工费用 7 500 元，制造费用 13 500 元；废品残值估价 400 元，已交仓库，应由过失人赔偿 90 元，暂未收到。

根据以上资料，编制“废品损失计算表”如表 3-27 所示。

表 3-27　　**宇锋制造有限公司损失费用计算表**

车间：三车间　　产品：C　　2007 年 6 月　　废品：45 件　　金额单位：元

项　目	直接材料	直接人工	制造费用	合　计
生产费用总额	42 000	7 500	13 500	63 000
分配标准总和	3 000	3 000	3 000	3 000
费用分配率	14	2. 5	4. 5	—

续表

项　　目	直接材料	直接人工	制造费用	合　　计
废品成本	630	112.5	202.5	945
减　残值	400			400
赔款		90		90
废品净损失	230	22.5	202.5	455

根据费用分配表，分两种情况编制会计分录如下：

（1）单独核算时，就做如下会计分录：

①转出废品成本　借　废品损失——C 产品　945
　　贷　生产成本——基本生产成本—C 产品　945

②结转废品残值　借　原材料　400
　　贷　废品损失——C 产品　400

③计算结转赔款　借　其他应收款——××　90
　　贷　废品损失——C 产品　90

④结转净损失　借　生产成本——基本生产成本—C 产品　455
　　贷　废品损失——C 产品　455

（2）不单独核算时，①与④笔分录可不做，只做两笔分录如下：

①结转废品残值　借　原材料　400
　　贷　生产成本——基本生产成本—C 产品　400

②计算结转赔款　借　其他应收款——××　90
　　贷　生产成本——基本生产成本—C 产品　90

需要强调的是：对于不可修复废品损失，不设“废品损失”账户，也就不在生产成本明细账中设“废品损失”成本项目，则可将发生的废品损失计入“制造费用”，连同其他制造费用在受益产品中进行分配。

2. 按定额成本计算不可修复废品成本

这种方法是按废品的数量和各项费用定额计算废品的定额成本，再将废品的定额成本扣除废品残料回收价值，即为废品损失，其特点是不考虑废品的实际成本。

【例 3-23】　承接【例 3-22】的资料，假设隆盛制造企业 C 产品的单位产品定额资料为：直接材料 15 元，直接人工 2.5 元，制造费用 4 元，则编制的“废品损失计算表”如表 3-28 所示。

表 3-28　　　　　　　　**宇锋制造有限公司损失费用计算表**

车间：三车间　　　产品：C　　2007 年 6 月　　　废品：45 件　　　金额单位：元

项　　目	直接材料	直接人工	制造费用	合　　计
单位产品费用定额	15	2.5	4	21.5
废品定额成本	675	112.5	180	967.5
减　残值	400			400
赔款		90		90
废品净损失	275	22.5	180	477.5

根据费用分配表编制会计分录，可仿照【例 3-22】进行，此处不再重复。

（二）可修复废品损失的会计处理

可修复废品损失是指废品修复过程中发生的修复费用，包括为修复废品所耗用的材料、人工和其他费用。

单独核算时，可修复废品发生的修复费用，应根据各种要素费用分配表归集计入废品损失账户；如有残值回收或赔偿收入，则应根据交库单和有关结算凭证，冲减可修复废品损失；最后将废品净损失转入产品生产成本。会计分录如下：

①发生修复费用　借　废品损失——××产品
　　　　　　　　　　贷　原材料（应付职工薪酬、制造费用等）

②结转残值或赔款　借　原材料（其他应收款）
　　　　　　　　　　　贷　废品损失——××产品

③结转净损失　借　生产成本——基本生产成本—××产品
　　　　　　　　　贷　废品损失——××产品

不单独核算时，只将①和②中的“废品损失——××产品”改为“生产成本——基本生产成本—××产品”即可，第③笔分录则不需要了。

想一想

产生了废品，会使“基本生产成本”账户反映的产品成本数额减少吗？

三、停工损失的会计处理

停工损失的会计处理应以“停工通知单”作为原始凭证。生产车间应在“停工通知单”中填明停工范围、停工时间、停工原因、经济责任单位或个人等事项，并报经有关部门和人员审批。财会部门根据有关部门、领导审核签章后的“停工通知单”核算停工损失。

单独核算停工损失的企业，需在会计账户中增设“停工损失”账户，并在成本项目中增设“停工损失”成本项目。停工期间发生的、应计入停工损失的各种费用，根据停工单和要素费用分配表，归集计入“停工损失”的借方和“原材料”、“应付职工薪酬”、“制造费用”等账户的贷方。进行损失结转时，应根据不同的原因和情况进行分配处理：由责任单位或保险公司赔偿的停工损失，转做“其他应收款”；属于非常灾害引起的停工损失，列为“营业外收入”；对于其他原因引起的停工损失，全部计入当月生产的产品成本中并由当月完工产品成本负担。

不单独核算停工损失的企业，不设“停工损失”会计科目和成本项目，停工期间发生的各种停工损失，直接借记“制造费用”、“营业外支出”或“其他应收款”，贷记“原材料”、“应付职工薪酬”等账户。

第四章 生产费用的纵向分配

【学习提示】 对期末对象化的费用进行的会计处理是成本会计处理中的“纵向分配”，它以横向分配后汇集到成本计算对象上的费用为对象，在完工产品和在产品之间进行分配。有效界定在产品的范围与数量、合理运用期末成本分配的方法与流程、正确结转完工产品的数量与成本，是生产费用的期末纵向分配的主要内容。以七种纵向分配方法为重心，以技能操作运用为根本，从结构上把握其要点，从流程上理清其过程，从实务上掌握其技能，是本章学习的宗旨。

第一节 期末成本分配的意义

企业在生产经营过程中发生的生产费用，经过在各种产品之间的横向分配和归集以后，应计入本月各种产品成本的生产费用，都已集中反映在“生产成本—基本生产成本”科目及其所属各种产品成本明细账中。如果产品已经全部完工，产品成本明细账中归集的生产费用（如果有月初在产品，还应包括月初在产品成本）之和，就是该种完工产品的成本；如果产品全部没有完工，产品成本明细账中归集的生产费用之和，就是该种在产品的成本；如果月末既有完工产品，又有在产品，则产品成本明细账中归集的生产费用之和，还必须在完工产品与月末在产品之间，采用适当的分配方法进行纵向分配，以计算出完工产品成本和月末在产品成本。

一、在产品与完工产品的界定

（一）在产品的含义

在产品是指企业已经投入生产，但尚未最后完工，不能作为商品销售的产品。在产品有广义和狭义之分。广义在产品，是从整个企业来说的，它是指产品生产从投料开始，到最终制成产成品交付验收入库前的一切产品，包括正在加工中的在制品（含正在返修的废品）、已经完成一个或几个生产步骤但还需继续加工的半成品、尚未验收入库的产成品和等待返修的废品。但不包括对外销售的自制半成品和不可修复的废品。准备对外销售的自制半成品，属于商品产品。不可修复的废品应该及时报废，也不包括在在产品之内。狭义在产品，是从某一车间或某一生产步骤来说的，只包括本车间或本步骤尚未加工或装配完成的产品，不包括本车间或本生产步骤已完工的半成品。本章讨论的在产品指的是狭义在产品。

（二）完工产品的含义

完工产品有狭义和广义之分，狭义完工产品是指已经完成全部生产过程并验收入库，随时可供销售的产品，即产成品。广义完工产品不仅包括产成品，而且还包括已完成部分生产过程，已由生产车间交半成品仓库验收，但尚未完成全部生产过程，有待在本企业进一步加工的自制半成品。

二、在产品与完工产品的关系

任何产品的生产，都要经历在产品的过程。除了简单的单步骤生产以外，企业在连续生产产品的每一个时点上，都会存在正处于加工过程中的在产品。在产品同样消耗了一定的材料费用、人工费用，同样要承担相应的制造费用。因此，存在月末在产品的制造企业，所归集的生产费用应当由本期完工产品与月末在产品共同负担，从而使在产品与完工产品之间存在着密切的联系。

从数量上看，在产品与完工产品存在着如下关系：

月初在产品数量＋本月投入数量＝本月完工产品数量＋月末在产品数量

在月初在产品数量与本月投入数量一定的情况下，本月完工产品数量越大，则月末在产品数量就越小，反之亦然。

从价值上看，在产品与完工产品存在着如下关系：

月初在产品成本＋本月生产费用＝本月完工产品成本＋月末在产品成本

上式中的月初在产品成本就是上月末的在产品成本，是已知的，本月生产费用通过生产费用的横向分配可以得到确定。因此，只要确定月末在产品成本，就能计算出本月完工产品成本。要确定月末在产品的成本，必须先确定月末在产品的数量。

三、在产品数量的核算

在产品数量的核算，同其他材料物资数量核算一样，应同时具备账面核算资料和实际盘点资料。企业一方面要做好在产品收发结存的日常核算工作，另一方面要做好在产品的清查工作。做好这两项工作，既可以从账面上随时掌握在产品的动态，又可以查清在产品的实际数量。这不仅对正确计算产品成本，加强生产资金管理以及保证在产品的安全完整有着重要意义，而且对保证账实相符有重要意义。

（一）在产品收发结存的日常核算

为了进行在产品收发结存的日常核算，应在生产车间内部按产品的品种和在产品的品名（如零部件的名称）设置“在产品收发结存账”（即在产品台账），以便用来反映车间各种在产品的转入、转出和结存的数量。各车间应认真做好在产品的计量、验收和交接工作，并在此基础上根据领料凭证、在产品内部转移凭证、产成品检验凭证和产品交库凭证，及时、完整地登记在产品收发结存账。该账簿由车间核算人员登记。通过在产品的日常核算，可以从账面上反映其结存量。在产品收发结存账的基本格式见表 4-1。

表 4-1 **在产品收发结存账（在产品台账）**

在产品名称、编号：1502　　车间名称：二车间　　单位：件

月	日	摘要	转入		转出			结存		备注
			凭证号	数量	凭证号	合格品	废品	完工	未完工	
7	1		701	70					70	
	2		702	40		60	2	18	30	
	7			20		26		7	35	
7	31	合计		980		934	11	15	20	

（二）在产品清查的核算

由于企业在产品的种类和数量繁多，而且每一件在产品又要经过许多加工阶段，所以对于在产品日常核算所反映的账面结存量是否与实际情况相符合，还必须通过在产品清查进行核对。在产品应定期进行清查，也可以不定期轮流清查。在产品清查一般于月末结账前进行，并采用实地盘点法。盘点的结果，应填制“在产品盘点表”，并与在产品台账核对。如有不符，还应填制“在产品盘盈盘亏报告表”，并说明发生盈亏的原因及处理意见等。对于毁损的在产品还要登记残值。企业会计人员应在认真审核并报经有关部门和领导审批后，对清查的结果进行相应的账务处理。

在产品发生盘盈时，按盘盈在产品的成本，借记“生产成本——基本生产成本”科目，贷记“待处理财产损溢”科目；按管理权限报经批准处理时，借记“待处理财产损溢”科目，贷记“管理费用”科目。在产品发生盘亏和毁损时，借记“待处理财产损溢”科目，贷记“生产成本——基本生产成本”科目；按税法规定，在产品盘亏、毁损要换算应负担的增值税，借记“待处理财产损益”科目，贷记“应交税费——应交增值税（进项税额转出）”科

目。按管理权限报经批准处理时，对于毁损在产品的残值，借记“原材料”等科目；对于应由保险公司和过失人的赔款，借记“其他应收款”科目；扣除残料价值和应由保险公司、过失人赔款后的净损失，属于一般经营损失的部分，借记“管理费用”科目；属于非常损失的部分，借记“营业外支出”科目，贷记“待处理财产损益”科目。

第二节　期末成本分配的方法

一、期末成本分配的影响因素

生产费用在完工产品和月末在产品之间进行分配的基本公式如下：

月初在产品成本＋本月生产费用＝本月完工产品成本＋月末在产品成本

在公式前两项已知的前提下，要在完工产品和月末在产品之间分配生产费用，其分配方法有两类：一类是先确定月末在产品成本，然后用待分配的生产费用总额（即月初在产品成本＋本月生产费用）减去月末在产品成本，求得完工产品成本；另一类是将待分配的生产费用总额按一定比例在月末在产品和完工产品之间进行分配，同时计算出完工产品成本和月末在产品成本。

如何选择既合理又较简便的方法，将生产费用在完工产品与月末在产品之间进行分配，是成本计算工作中一个重要而复杂的问题。尤其是在产品结构复杂、零部件种类和加工工序较多的情况下更是如此。期末成本分配的影响因素包括在产数量、费用金额和定额水平等，具体说主要有：（1）月末在产品数量的多少；（2）各月末在产品数量变化的大小；（3）产品成本中各项费用比重的大小；（4）定额管理基础的好坏，能否制定比较准确、稳定的消耗定额等。企业应从本单位实际情况出发，根据这些影响因素，选择既合理又简便的期末成本分配方法。

二、期末成本分配的主要方法

（一）约当产量法

约当产量法是将月末在产品数量按照完工程度折算为相当于完工产品的数量，即约当产量，然后按照完工产品产量（即完工程度为100%的约当产量）与月末在产品约当产量的比例来分配生产费用，从而计算出完工产品成本和月末在产品成本的一种方法。

这种方法适用于月末在产品数量较大，各月末在产品数量变化也较大，产品成本中各项费用的比重又相差不多的产品。

约当产量比例法所采用的有关计算公式如下：

在产品约当产量 = 在产品实际数量 × 在产品完工程度（或投料程度）

$$某项费用分配率 = \frac{该项费用总额}{完工产品产量 + 在产品约当产量}$$

完工产品应分配该项费用 = 完工产品产量 × 费用分配率

在产品应分配该项费用 = 在产品约当产量 × 费用分配率

或 = 该项费用总额 - 完工产品应分配该项费用

【例 4-1】 甲产品本月完工 180 件，月末在产品 90 件，在产品完工程度为 50%，月初在产品和本月发生的直接人工费用共 27 000 元。分配计算如下：

月末在产品约当产量 = 90 × 50% = 45（件）

直接人工费用分配率 = 27 000/（180 + 45）= 120

完工产品应分配直接人工费用 = 180 × 120 = 21 600（元）

月末在产品应分配直接人工费用 = 45 × 120 = 5 400（元）

合计 27 000（元）

上述费用的分配，应按成本项目进行，以反映完工产品和在产品的成本构成，满足成本计算和管理的要求。

1. 直接人工费用、制造费用等加工费用的分配

采用约当产量比例法的关键是计算确定在产品的约当产量。而在产品约当产量正确与否，主要取决于在产品完工程度（即完工率）的测定是否正确，这对于费用分配的正确性影响很大。因为加工费用的发生与完工程度关系密切，它们随着工艺过程的进行而逐渐投入耗费，产品完工程度越高，该产品应负担的加工费用也越多。在计算分配加工费用所依据的在产品约当产量时，其完工率的测定可采用以下两种方法：

（1）平均计算。不分工序确定在产品完工率，完工率为 50%，在产品数量按半数折合为约当产量。这是因为各工序在产品数量和单位产品在各工序的加工量都相差不多的情况下，后面各工序在产品多加工的程度可以抵补前面各工序少加工的程度。这样，全部在产品完工程度可按 50% 平均计算。

（2）各工序分别测定完工率。为了提高成本计算的正确性，加速成本的计算工作，可以按照各工序的累计工时定额占完工产品工时定额的比率计算，事前确定各工序在产品的完工率。计算公式如下：

$$某工序在产品完工率 = \frac{前面各工序工时定额之和 + 本工序工时定额 \times 50\%}{完工产品工时定额}$$

某工序在产品的约当产量 = 该工序在产品数量 × 该工序在产品完工率。

想一想

在计算在产品完工率时，前面的工时定额按 100% 计算，而本工序工时按

50% 计算，你知道这是为什么吗？

【例 4-2】 广兴公司甲产品经过三道工序制成，甲产品单位工时定额为 25 小时，其中第 1 工序 6 小时，第 2 工序 10 小时，第 3 工序 9 小时。每道工序按本工序工时定额的 50% 计算。2007 年 5 月甲产品完工 334 件，在产品数量：第 1 工序 300 件，第 2 工序 150 件，第 3 工序 200 件。

各工序在产品的完工率计算如下：

第 1 工序 ：$6\times50\%\div25\times100\%=12\%$

第 2 工序：$(6+10\times50\%)\div25\times100\%=44\%$

第 3 工序：$(6+10+9\times50\%)\div25\times100\%=82\%$

各工序在产品的约当产量计算如下：

第 1 工序：$300\times12\%=36$（件）

第 2 工序：$150\times44\%=66$（件）

第 3 工序：$200\times82\%=164$（件）

合计　　　　　　266（件）

约当产量计算表详见表 4-2。

表 4-2　　约当产量计算表

产品名称：甲　　2007 年 5 月　　单位：件

在产品所在工序	完工率（%）	在产品数量		完工产品产量	产量合计
		结存量	约当产量		
1	12	300	36		
2	44	150	66		
3	82	200	164		
合　计		650	266	334	600

【例 4-3】 承【例 4-2】中甲产品月初在产品和本月发生的加工费用：直接人工费用为 40 800 元，制造费用为 43 200 元。完工产品与月末在产品加工费用计算分配如下：

（1）直接人工费用的分配

分配率 $=40\ 800\div(334+266)=68$

完工产品分配直接人工费用 $=334\times68=22\ 712$（元）

在产品分配直接人工费用 $=266\times68=18\ 088$（元）

或 $=40\ 800-22\ 712=18\ 088$（元）

（2）制造费用的分配

分配率 = 43 200 ÷（334 + 266）= 72

完工产品分配制造费用 = 334 × 72 = 24 048（元）

在产品分配制造费用 = 266 × 72 = 19 152（元）

或 = 43 200 − 24 048 = 19 152（元）

2. 直接材料费用的分配

约当产量比例法下，在计算分配直接材料费用所依据的在产品约当产量时，一般是按投料程度计算的。因为月末在产品成本中的材料成本与在产品的投料程度关系密切，而与在产品的完工程度没有直接关系。在产品的投料程度是指在产品已投材料占完工产品应投材料的百分比。由于投料方式不同，在产品的投料程度也不一样，主要有以下几种情况：

（1）原材料在生产开始时一次投入。在产品的投料程度为100%，此时无论在产品的完工程度如何，单位在产品应分摊的材料费用与单位产成品应分摊的材料费用是相同的。因此原材料费用应按完工产品数量与月末在产品数量的比例进行分配。计算公式如下：

$$原材料费用分配率 = \frac{原材料费用总额}{完工产品产量 + 在产品数量}$$

原材料费用总额：月初在产品和本月发生的原材料费用合计数额。

完工产品原材料费用 = 完工产品数量 × 分配率

在产品原材料费用 = 在产品数量 × 分配率

或 = 原材料费用总额 − 完工产品原材料费用

【例4-4】 广兴公司生产乙产品由三道工序制成，原材料在生产开始时一次投入。单位产品工时定额为50小时：第一道工序为10小时，第二道工序为20小时，第三道工序为20小时。2007年6月乙产品完工400件，月末在产品90件，第一工序40件，第二工序20件，第三工序30件。月初在产品及本月生产费用累计为：原材料费用147 000元，直接人工费用109 000元，制造费用87 200元。

采用约当产量比例法计算完工产品成本和月末在产品成本。

第一：原材料费用的分配

原材料费用分配率 = 147 000 ÷（400 + 90）= 300

完工产品原材料费用 = 400 × 300 = 120 000（元）

月末在产品原材料费用 = 90 × 300 = 27 000（元）

第二：加工费用的分配

做一做

根据【例 4-4】的资料，

(1) 计算各道工序在产品的完工率及在产品的约当产量。

(2) 计算分配完工产品和月末在产品应承担的直接人工费用和制造费用。

计算分配结果如表 4-3 所示。

表 4-3　　乙产品成本计算表

2007 年 6 月

成本项目	生产费用总额	费用分配率	完工产品		月末在产品	
			数量	成本	约当量	成本
直接材料	147 000	300	400	120 000	90	27 000
直接人工	109 000	250	400	100 000	36	9 000
制造费用	87 200	200	400	80 000	36	7 200
合　计	343 200			300 000		43 200

(2) 原材料随着生产进度陆续投入，且投料程度与生产工时投入的进度完全一致或基本一致。在这种情况下分配原材料费用所依据的在产品约当产量可以按在产品的完工程度折算。

(3) 原材料随着生产进度陆续投入，但投料程度与生产工时投入的进度不一致。在这种情况下，为了提高原材料费用分配的正确性，应按每道工序原材料的消耗定额计算投料程度（投料率），进而计算确定月末在产品的约当产量。具体计算又分为如下两种情况：

①原材料随着生产进度陆续投入，同时在每道工序也是陆续投入的。因此在各工序中的在产品其在该工序的投料率平均按 50% 计算。

$$\text{某工序在产品投料率}=\frac{\text{前面各工序原材消料耗定额之和}+\text{本工序原材料消耗定额}\times 50\%}{\text{完工产品原材料消耗定额}}$$

某工序在产品约当产量 = 该工序在产品数量 × 该工序在产品投料率

【例 4-5】　广兴公司生产的丙产品需要经过三道工序制成。原材料随加工进度陆续投入，在各工序中也是按加工进度陆续投入，其投入程度与工时进度并不一致。丙产品的原材料消耗定额为 500 公斤，各道工序的依次为：140 公斤、200 公斤、160 公斤。各道工序的月末在产品依次为：450 件、350 件、

500 件。本月完工产品为 349 件。月初在产品和本月发生的原材料费用共计 58 000元。计算过程和结果见表 4-4。

表 4-4 **约当产品计算表（原材料在各工序陆续投入）**

工序	消耗定额	投料程度（投料率）	在产品数量（件）	在产品约当量（件）	完工产品产量（件）	合计
1	140	140 ×50% ÷500 ×100% =14%	450	63		
2	200	（140 +200 ×50%） ÷500 ×100% =48%	350	168		
3	160	（140 +200 +160 ×50%） ÷500 ×100% =84%	500	420		
合计	500			651	349	1 000

原材料费用分配率 =58 000 ÷1 000 =58

完工产品原材料费用 =349 ×58 =20 242（元）

月末在产品原材料费用 =651 ×58 =37 758（元）

②原材料随着生产进度陆续投入，且在每道工序开始时一次投入。在这种情况下，应将一次投料的计算方式与陆续投料的计算方法结合起来计算投料程度（投料率），并在此基础上计算确定月末在产品的约当产量。计算公式为：

$$\text{某工序在产品投料率} = \frac{\text{前面各工序原材料消耗定额之和} + \text{本工序原材料消耗定额}}{\text{完工产品原材料消耗定额}}$$

某工序在产品约当产量 = 该工序在产品数量 × 该工序在产品投料率

【例 4-6】 承【例 4-5】中原材料随加工进度陆续投入，且在每道工序开始时一次投入。重新计算在产品的投料率和约当产量，见表 4-5。

表 4-5 **约当产量计算表（原材料在各工序开始时一次投入）**

工序	消耗定额	投料程度（投料率）	在产品数量	在产品约当量	完工产品产量（件）	合计
1	140	140 ÷500 ×100% =28%	450	126		
2	200	（140 +200） ÷500 ×100% =68%	350	238		
3	160	（140 + 200 + 160） ÷ 500 × 100% = 100%	500	500		
合计	500			864	349	1 213

原材料费用分配率 = 58 000 ÷ 1 213 = 47.8153

完工产品原材料费用 = 349 × 47.8153 = 16 688 (元)

月末在产品原材料费用 = 864 × 47.8153 = 41 312 (元)

需要说明的是，如果企业单设了“燃料和动力”等成本项目，因其耗用与产品的完工程度有关，而与产品的投料程度无关，所以计算约当产量时，按照分配直接人工费用和制造费用的方法进行计算，即按在产品的完工程度计算。

想一想

采用约当产量法分配原材料费用时，原材料在生产开始时一次投入、随加工进度陆续投入和每道工序开始时一次投入，这三种情况下的分配率计算有何不同？为什么要这么处理？

（二）定额成本法

1. 定额成本法的特点

在产品按定额成本计价法，简称定额成本法，是指月末在产品成本按定额成本计算，该种产品的全部生产费用，减去按定额成本计算的月末在产品成本，余额即为本月完工产品成本。每月生产费用脱离定额的差异（节约或超支）全部计入当月完工产品成本。

2. 定额成本法的适用条件

定额计算法适用于定额管理基础比较好，各项消耗定额或费用定额比较准确、稳定，而且各月在产品数量变动不大的产品。

3. 定额成本法的计算程序

月末在产品成本 = 月末在产品数量 × 在产品单位定额成本

完工产品成本 = 月初在产品成本 + 本月生产费用 − 月末在产品成本

上述公式中，月末在产品的单位定额成本通常是按产品成本项目确定的。计算公式为：

$$\begin{matrix}\text{月末在产品原}\\\text{材料定额成本}\end{matrix} = \text{在产品数量} \times \begin{matrix}\text{单位产品原材料}\\\text{消耗定额}\end{matrix} \times \text{材料单价}$$

$$\begin{matrix}\text{月末在产品工资和}\\\text{其他费用定额成本}\end{matrix} = \text{在产品数量} \times \text{单位工时定额} \times \begin{matrix}\text{计划小时工资和}\\\text{其他费用分配率}\end{matrix}$$

$$= \text{在产品的定额工时} \times \begin{matrix}\text{计划小时工资和}\\\text{其他费用分配率}\end{matrix}$$

在计算月末在产品定额成本时，原材料项目可根据在产品数量和单位在产品原材料成本定额计算，其他项目一般可根据全部产品的定额工时和各项费用的计划分配率计算。

【例 4-7】 广兴公司生产丁产品本月完工产品产量 3 200 个，在产品数量 500 个。在产品单位定额成本为：直接材料 500 元，直接人工 130 元，制造费用 190 元。丁产品月初在产品成本和本月生产费用为：直接材料 1 380 000 元，直接人工 660 000 元，制造费用 980 000 元。按定额计算法计算在产品成本和完工产品成本。计算结果如表 4-6 所示。

表 4-6 **丁产品成本计算表** 单位：元

项　目	在产品定额成本	完工产品成本
直接材料	500×500＝250 000	1 380 000－250 000＝1 130 000
直接人工	500×130＝65 000	660 000－65 000＝595 000
制造费用	500×190＝95 000	980 000－95 000＝885 000
合　计	410 000	2 610 000

【例 4-8】 广庆公司生产的 N 产品月初在产品成本为：直接材料 15 200 元，直接人工 11 000 元，制造费用 8 700 元；本月生产费用为：直接材料 71 500元，直接人工 53 300 元，制造费用 34 000 元。月末在产品 200 件，N 产品所耗材料在生产开始时一次投入，每件产品原材料定额成本 70 元，全部在产品定额工时为 2 500 小时，每小时各项费用的计划分配率为：直接人工 5.5 元，制造费用 4.5 元。采用定额计算法计算完工产品成本和月末在产品成本。计算结果如下：

(1) 月末在产品定额成本

直接材料：200×70＝14 000（元）

直接人工：2 500×5.5＝13 750（元）

制造费用：2 500×4.5＝11 250（元）

合　　计：　　39 000（元）

(2) 本月完工产品成本

直接材料：15 200＋71 500－14 000＝72 700（元）

直接人工：11 000＋53 300－13 750＝50 550（元）

制造费用：8 700＋34 000－11 250＝31 450（元）

合　　计：　　154 700（元）

(三) 定额比例法

1. 定额比例法的特点

定额比例法是按完工产品和在产品的定额消耗量或定额费用的比例分配生产费用的一种方法。其中，直接材料费用按照原材料定额消耗量或原材料定额费用比例分配；直接人工费用、制造费用等各项加工费用，按定额工时的比例分配，也可以按定额费用比例分配。

定额比例法与在产品按定额成本计价法的区别在于：在产品按定额成本计价，其实际成本与定额成本的差异全部由完工产品成本负担；而采用定额比例法分配费用，产品实际成本脱离定额的差异，要在完工产品与月末在产品之间按比例分配，从而提高了产品成本计算的正确性。

2. 定额比例法的适用条件

定额比例法适用于定额管理基础较好，各项消耗定额或费用定额比较准确、稳定，但各月末在产品的数量变动较大的产品。

3. 定额比例法的计算程序

公式1：

$$\text{完工产品}\begin{cases}\text{原材料定额消耗量}=\text{完工产品产量}\times\text{单位完工产品原材料消耗定额}\\\text{工时定额消耗量}=\text{完工产品产量}\times\text{单位完工产品工时消耗定额}\end{cases}$$

$$\text{月末在产品}\begin{cases}\text{原材料定额消耗量}=\text{月末在产品数量}\times\text{单位在产品材料消耗定额}\\\text{工时定额消耗量}=\text{月末在产品数量}\times\text{单位在产品工时消耗定额}\end{cases}$$

（1）$\text{消耗量分配率}=\dfrac{\text{月初在产品实际消耗量}+\text{本月实际消耗量}}{\text{完工产品定额消耗量}+\text{月末在产品定额消耗量}}$

（2）完工产品实际消耗量 = 完工产品定额消耗量 × 消耗量分配率

（3）月末在产品实际消耗量 = 月末在产品定额消耗量 × 消耗量分配率

（4）完工产品分配费用 = 完工产品实际消耗量 × 原材料单价（或单位工时的工资、费用）

（5）月末在产品分配费用 = 月末在产品实际消耗量 × 原材料单价（或单位工时的工资、费用）

按照上列公式分配，既可以提供完工产品和月末在产品的实际费用资料，还可以提供实际消耗量资料，便于考核和分析各项消耗定额的执行情况。但是，在各产品所耗原材料品种较多的情况下，采用这种分配方法工作量较大。为了简化核算工作，也可以采用下列公式计算分配。

公式2：

（1）$\text{原材料费用分配率}=\dfrac{\text{月初在产品实际原材料费用}+\text{本月实际原材料费用}}{\text{完工产品定额原材料费用}+\text{月末在产品定额原材料费用}}$

（2）完工产品实际原材料费用 = 完工产品定额原材料费用 × 费用分配率

（3）月末在产品实际原材料费用 = 月末在产品定额原材料费用 × 费用分配率

或 = 月初在产品实际原材料费用 + 本月实际原材料费用 − 完工产品实际原材料费用

(4) $$\text{工资或制造费用分配率} = \frac{\text{月初在产品实际工资（制造费用）} + \text{本月实际工资（制造费用）}}{\text{完工产品定额工时} + \text{月末在产品定额工时}}$$

(5) 完工产品实际工资（制造费用）= 完工产品定额工时 × 工资（制造费用）分配率

(6) 月末在产品实际工资（制造费用）= 月末在产品定额工时 × 工资（制造费用）分配率

或 = 月初在产品实际工资（费用）+ 本月实际工资（制造费用）− 完工产品实际工资（制造费用）

【例 4-9】 2007 年 6 月广庆公司生产 S 产品月初在产品费用为：直接材料 3 000 元，直接工资 1 700 元，制造费用 1 300 元。本月生产费用：直接材料13 200元，直接工资 12 100 元，制造费用 7 900 元。完工产品 1 000 件，原材料定额费用 15 000 元，定额工时 2 000 小时。月末在产品 200 件，原材料定额费用 3 000 元，定额工时 300 小时。采用定额比例法计算的完工产品成本和月末在产品成本如表 4-7 所示。

表 4-7　　**产品成本计算表**

产品名称：S 产品　　2007 年 6 月　　单位：元

成本项目	月初在产品费用	本月费用	生产费用合计	费用分配率	完工产品成本		月末在产品成本	
					定额	实际	定额	实际
①	②	③	④ = ② + ③	⑤ = ④/(⑥ + ⑧)	⑥	⑦ = ⑥ × ⑤	⑧	⑨ = ⑧ × ⑤
直接材料	3 000	13 200	16 200	0.9	15 000	13 500	3 000	2 700
直接工资	1 700	12 100	13 800	6	2 000	12 000	300	1 800
制造费用	1 300	7 900	9 200	4	2 000	8 000	300	1 200
合计	6 000	33 200	39 200			33 500		5 700

按照上列公式计算分配费用，必须取得完工产品和月末在产品的定额消耗量或定额费用资料。如果企业在产品的种类和生产工序繁多，核算工作量就会

很繁重。此时，月末在产品定额消耗量或定额费用可采用简化的方式计算（倒挤的方法）。其计算公式如下：

月末在产品定额消耗量或定额费用＝月初在产品定额消耗量或定额费用＋本月投入的定额消耗量或定额费用－本月完工产品定额消耗量或定额费用

上列公式中月初在产品定额消耗量，根据上月成本计算资料取得。本月投入的定额消耗量其中的原材料定额消耗量，根据领料凭证所列原材料定额消耗量等数据计算求得；本月投入的工时定额消耗量，根据有关定额工时的原始记录计算求得。按照上列倒挤方法计算月末在产品的定额数据，可以简化计算工作，但是，在发生在产品盘盈、盘亏的情况下，计算求得的成本资料，就不能如实反映产品成本的水平。为了提高成本计算的正确性，必须每隔一定时期应对在产品进行一次实地盘点，根据在产品的实存数计算一次定额消耗量。

在具备了月初、月末在产品定额消耗量（或定额费用），本月投入生产的定额消耗量（或定额费用），以及本月完工产品定额消耗量（或定额费用）资料的情况下，即可以按照下列公式计算费用分配率，并分配生产费用。

$$\text{费用分配率}=\frac{\text{月初在产品实际费用}+\text{本月投入的实际费用}}{\text{月初在产品定额消耗量（或定额费用）}+\text{本月投入的定额消耗量（或定额费用）}}$$

完工产品和月末在产品费用的计算公式同前。

【例 4-10】 承【例 4-9】的资料，S 产品月初在产品定额原材料费用 2 700元；定额工时 280 小时。本月投入生产定额原材料费用 15 300 元；定额工时 2 020 小时。本月实际发生的费用和完工产品定额资料等同前例。各项费用分配计算结果详见表 4-8。

表 4-8　　**产品成本计算表**

产品名称：S 产品　　2007 年 6 月　　单位：元

成本项目	月初在产品		本月投入		合计		费用分配率	完工产品		月末在产品	
	定额	实际	定额	实际	定额	实际		定额	实际	定额	实际
①	②	③	④	⑤	⑥=②+④	⑦=③+⑤	⑧=⑦/⑥	⑨	⑩＝⑨×⑧	⑪＝⑥－⑨	⑫＝⑪×⑧
直接材料	2 700	3 000	15 300	13 200	18 000	16 200	0. 9	15 000	13 500	3 000	2 700
直接工资	280	1 700	2 020	12 100	2 300	13 800	6	2 000	12 000	300	1 800
制造费用	280	1 300	2 020	7 900	2 300	9 200	4	2 000	8 000	300	1 200
合计		6 000		33 200		39 200			33 500		5 700

月末在产品原材料定额费用 = 2 700 + 15 300 − 15 000 = 3 000（元）

月末在产品定额工时 = 280 + 2 020 − 2 000 = 300（小时）

采用定额比例法分配完工产品与月末在产品费用，分配结果比较正确，同时还便于将实际费用与定额费用进行比较，考核和分析定额的执行情况。

想一想

定额成本法和定额比例法在计算程序和应用条件上有什么不同?

三、期末成本分配的简化方法

（一）不计算在产品成本法（简称不计成本法）

不计算在产品成本法，即月末在产品成本按零计算的方法，是指月末虽然有在产品，但不计算其成本，其生产费用全部由完工产品成本负担。

采用这种方法应具备的前提条件是：各月末在产品数量很小，在产品成本很小，算不算在产品成本对于完工产品成本影响很小，管理上不需要计算在产品成本。为了简化核算工作，可以不计算在产品成本，如采矿企业。这样：

生产费用分配结果：
- 在产品成本 = 0
- 完工产品成本 = 月初在产品成本 + 本月发生生产费用

（二）在产品按固定成本计价法（简称固定成本法）

在产品按固定成本计价法，是指每月月末在产品的成本都按年初在产品成本固定计价，则月初、月末在产品成本之差为零，因此本月发生的生产费用就是本月完工产品成本。

采用这种方法应具备的前提条件是：在产品数量较少，或者在产品数量虽然较多，但各月之间变化不大；月初、月末在产品成本之间的差额对于完工产品成本的影响不大。为了简化核算工作，各月月末在产品成本就可以按年初数固定计算，如钢铁企业和化工企业。年终时，根据实际盘点的在产品数量，重新调整计算年末在产品成本，以避免在产品成本与实际出入过大，影响成本计算的正确性。这样：

生产费用分配结果：
- 在产品成本 = 年初在产品固定成本（年终按实际数调整）
- 完工产品成本 = 当月发生的生产费用

（三）在产品按所耗原材料费用计价法（简称只计材料法）

在产品按所耗原材料费用计价法，是指月末在产品成本只计算耗用的原材料费用，不计算所耗用的其他费用，其他费用全部由完工产品成本负担。

采用这种方法应具备的前提条件是：各月末在产品数量较大，各月末在产品数量变化也较大，同时原材料费用在成本中所占比重较大的产品，如酿酒企业与纺织企业。这样：

生产费用分配结果：$\begin{cases}\text{在产品成本}=\text{在产品所耗原材料费用}\\\text{完工产品成本}=\text{待分配的全部生产费用}-\text{在产品成本}\end{cases}$

【例 4-11】 广步公司生产 D 产品，该产品原材料费用在产品成本中所占比重较大，在产品只计算所耗原材料费用。D 产品 2007 年 5 月初在产品原材料费用（即月初在产品成本）为 2 800 元。5 月份发生生产费用：原材料费用 12 200 元，燃料和动力费用 4 000 元，工资及福利费 2 800 元，制造费用 800 元。本月完工产品 400 件，月末在产品 200 件。D 产品的原材料费用是在生产开始时一次投入的，原材料费用按完工产品和在产品的数量比例分配。分配计算结果如下：

原材料费用分配率 =（2 800 + 12 200）/（400 + 200）= 25

完工产品原材料费用 = 400 × 25 = 10 000（元）

月末在产品原材料费用 = 200 × 25 = 5 000（元）

完工产品成本 = 10 000 + 4 000 + 2 800 + 800 = 17 600（元）

D 产品成本计算表如表 4-9 所示。

表 4-9 **D 产品成本计算表**

2007 年 5 月　　产量：400 件　单位：元

摘　　要	原材料	燃料和动力	工资及福利费	制造费用	合计
月初在产品成本	2 800				2 800
本月生产费用	12 200	4 000	2 800	800	19 800
生产费用合计	15 000	4 000	2 800	800	22 600
完工产品成本	10 000	4 000	2 800	800	17 600
月末在产品成本	5 000	0	0	0	5 000

（四）在产品按完工产品计算成本法（简称完工产品法）

在产品按完工产品计算成本法，是将在产品视同完工产品分配费用。这种方法可以理解为约当产量法的一种特殊情况，即在产品的完工程度为 100%，也就是按完工产品数量和在产品数量的比例分配生产费用。

采用这种方法应具备的前提条件是：月末在产品已经接近完工，或者产品已经加工完毕，但尚未验收或包装入库。这样：

$$\text{生产费用分配率}=\frac{\text{等分配生产费用总额}}{\text{完工产品数量}+\text{在产品数量}}$$

生产费用分配结果：$\begin{cases}\text{在产品成本}=\text{在产品数量}\times\text{生产费用分配率}\\\text{完工产品成本}=\text{完工产品数量}\times\text{生产费用分配率}\end{cases}$

【例 4-12】 E 产品月初在产品成本和本月发生生产费用合计数为：直接材料费用 32 600 元，生产人工费用 6 800 元，制造费用 8 500 元。完工产品 700 件，月末在产品 300 件，都已接近完工。采用在产品按完工产品计算成本法计算产品的生产成本，其计算分配结果见表 4-10。

表 4-10 **E 产品成本计算表**

成本项目	生产费用总额	费用分配率	完工产品		月末在产品	
			数量	成本	约当量	成本
直接材料	32 600	32.6	700	22 820	300	9 780
直接人工	6 800	6.8	700	4 760	300	2 040
制造费用	8 500	8.5	700	5 950	300	2 550
合　计	47 900			33 530		14 370

第三节　完工产品成本的结转

一、完工产品成本的归集

通过以上各章节所述，企业生产产品所发生的各项生产费用,在各种产品之间进行了分配(生产费用的横向分配),在此基础上又在完工产品和月末在产品之间进行了分配(生产费用的纵向分配),计算出各种完工产品的实际成本。完工产品的实际成本归集在产品生产成本明细账中(或产品成本计算单中)。

【例 4-13】 广庆公司根据各种费用分配表及有关凭证，登记 A 产品、B 产品成本明细账见表 4-11 和表 4-12。

表 4-11 **产品成本明细账**

产品名称：A 产品　　2007 年 3 月

摘　　要	原材料	燃料及动力	工资及福利费	制造费用	废品损失	合　计
月初在产品成本	1 600	1 800	1 000	3 496		7 896
材料费用分配表	8 600					8 600

续表

摘　　要		原材料	燃料及动力	工资及福利费	制造费用	废品损失	合　计
燃料费用分配表			3 150				3 150
外购动力费用分配表			14 400				14 400
工资费用分配表				10 000			10 000
福利费用分配表				1 400			1 400
辅助生产费用分配表			3 789				3 789
制造费用分配表					14 131. 20		14 131. 20
废品损失计算表		[400]	[900]	[500]	[800]		[2 600]
废品损失分配表						2 420	2 420
生产费用累计		9 800	22 239	11 900	16 827. 20	2 420	63 186. 20
产成品成本	总成本	8 910	21 180	11 334	16 026	2 420	59 870
	单位成本	44. 55	105. 90	56. 67	80. 13	12. 10	299. 35
月末在产品成本		890	1 059	566	801. 20		3 316. 20

表 4-12　　　　　　　　　　**产品成本明细账**

产品名称：B 产品　　　　　　2007 年 3 月

摘　　要		原材料	燃料及动力	工资及福利费	制造费用	废品损失	合　计
月初在产品成本		640	832	512	1 715. 4		3 699. 4
材料费用分配表		3 500					3 500
燃料费用分配表			2 625				2 625
外购动力费用分配表			7 680				7 680
工资费用分配表				5 600			5 600
福利费用分配表				784			784
制造费用分配表					7 536		7 536
生产费用累计		4 140	11 137	6 896	9 251. 40		31 424. 40
产成品成本	总成本	3 312	10 124	6 268	8 412		28 116
	单位成本	8. 28	25. 31	15. 67	21. 03		70. 29
月末在产品成本		828	1 013	628	839. 40		3 308. 40

【例 4-14】 广庆公司根据 A 产品和 B 产品成本明细账，汇总编制产成品成本汇总表，见表 4-13。

表 4-13

产成品成本汇总表

2007 年 3 月

产品名称	原材料	燃料及动力	工资及福利费	制造费用	废品损失	合计
A 产品	8 910	21 880	11 334	16 026	2 420	59 870
B 产品	3 312	10 124	6 268	8 412		28 116
合计	12 222	31 304	17 602	24 438	2 420	87 986

二、完工产品成本的结转

工业企业的完工产品，包括产成品以及自制的材料、工具和模具等。完工产品应由生产单位填制产品入库单，连同产品和质量检验部门出具的质量合格凭证一并送交仓库。企业完工产品验收入库后，应根据产品成本明细账和产成品成本汇总表，将完工产品成本，从"生产成本"科目贷方转出，转入有关科目的借方：其中完工入库产成品的成本，应转入"库存商品"科目的借方；完工自制材料、工具、模具等的成本，应分别转入"原材料"和"周转材料"等科目的借方。"生产成本"科目的月末余额，反映企业尚未加工完成的在产品成本，也就是占用在生产过程中的生产资金，应与所属各种产品成本明细账中月末在产品成本之和核对相符。

根据产成品成本汇总表（见表 4-13），编制结转已完工入库产品成本的会计分录如下：

借　库存商品——A 产品　　　　59 870
　　　　　　——B 产品　　　　28 116
　贷　生产成本——基本生产成本（A 产品）　　59 870
　　　　　　　——基本生产成本（B 产品）　　28 116

【例 4-15】 广兴公司基本生产车间完工入库产成品 1 200 件，计划单位成本 28 元，实际总成本 33 000 元；完工入库自制材料 1 400 千克，计划单位成本 3 元，实际总成本 4 350 元；辅助生产车间完工入库自制工具一批，计划总成本 3 850 元，实际总成本 3 770 元。企业编制会计分录如下：

（1）完工入库产成品

借　库存商品　　　　33 600
　贷　生产成本——基本生产成本　　33 000

产品成本差异 600

（2）完工入库自制材料

借 原材料 4 200

材料成本差异 150

贷 生产成本——基本生产成本 4 350

（3）完工入库自制工具

借 周转材料——低值易耗品 3 850

贷 生产成本——辅助生产成本 3 770

材料成本差异 80

第五章　成本计算的基本方法

【学习提示】　成本计算方法是成本会计处理中的"横向分配"与"纵向分配"的有机结合，是以产品成本为对象，将企业的生产费用对象，将企业的生产费用对象化的分配和计算的过程。能够独立运用的成本计算方法有品种法、分批法和分步法，而品种法是基本方法中的基础。掌握成本计算方法的特点，明确成本计算方法的范围，理顺成本计算的基本过程，意会成本计算的实用技巧，合理运用成本计算的工具，正确处理成本计算的结果，构成成本计算基本方法的主体内容。从理论学习中把握住知识点，从技能运用中领悟出能力点，根据企业客观实际选择恰当的成本计算方法，结合成本费用资料准确计算出产品成本，是学习者在学习本章时的基本任务。

第一节　成本计算方法的影响因素

一、成本计算方法及类型

（一）成本计算方法的含义

成本计算就是按照产品成本计算对象，对生产经营过程中所发生的费用进行归集并在完工产品和在产品之间进行分配，计算出产品的总成本和单位成本的过程。

成本计算方法是以成本计算对象为基础，将由产品成本负担的生产费用在各种产品之间进行分配，以及将某一产品负担的生产费用在完工产品和在产品之间进行分配的方法。

成本计算方法一般包括以下几项具体内容：确定成本计算对象；设置生产成本明细账并确定成本项目；生产费用的归集及计入产品成本的程序；确定成本计算期；生产成本在完工产品和月末在产品之间的期末成本分配。

（二）成本计算方法的类型

成本计算对象是决定成本计算方法的基本因素，也是区分成本计算方法的根本标志。按照成本计算对象的不同，可将成本计算方法分为以下主要类型：

1. 产品成本计算的基本方法

成本计算的基本方法是指在产品成本计算中能够独立运用的成本计算方法。包括品种法、分步法和分批法三种。品种法是以产品品种为成本计算对象的产品成本计算方法；分步法是以产品的生产步骤为成本计算对象的产品成本计算方法；分批法是以产品的批别为成本计算对象的产品成本计算方法。

在成本计算的三种基本方法中，品种法是最基本的方法，因为不论什么类型的企业，不论采取哪一种成本计算方法，最终都必须以产品品种为对象分别提供企业的成本资料。

2. 产品成本计算的辅助方法

产品成本计算的辅助方法是指在产品成本计算中不能独立运用，必须与基本方法配合运用的成本计算方法。主要有分类法、定额法和标准成本法等几种。分类法是以产品的类别为成本计算对象的成本计算方法，是品种法的延伸，产品的品种与规格繁多的企业采用分类法比较简便；定额法是以产品的现行定额成本为基础，加减实际脱离定额的差异来计算产品成本的方法；标准成本法是只计算产品标准成本，而将成本差异直接计入当期损益的成本计算方法。

二、成本计算方法的影响因素

企业生产类型的特点所决定的生产工艺过程及生产组织方式、企业对成本管理的要求是影响成本计算方法的三个主要因素，正确计算产品成本，企业就必须根据生产类型的特点，并考虑成本管理的要求，选择适当的成本计算方法。

（一）企业的生产按照工艺技术的特点划分

产品生产工艺过程是指产品从投料开始到完工为止的生产工艺和加工制造的过程。按照生产工艺过程的特点，可以将产品生产分为单步骤生产和多步骤生产。

1. 单步骤生产

单步骤生产又叫简单生产，是指产品生产在工艺技术上不能间断或不能分散在不同地点进行的生产。其基本特点是生产周期短，品种单一，即各个生产步骤所生产的半成品必须全部转移到下一个生产步骤，各个中间步骤在会计期末不存在半成品。此特点决定其只能由一个企业独立完成，而不能由几个企业协作进行。这种类型的生产，一般也称为简单生产。其典型企业如发电、铸造、供气、供水等。

2. 多步骤生产

多步骤生产又叫复杂生产，是指产品生产在工艺上可以间断，由若干加工步骤组成的生产，即生产工艺过程由若干个可以间断的、分散在不同地点的生产步骤组成的生产。其基本特点是生产周期长，除最后步骤生产出产成品外，其他加工步骤生产的都是半成品或中间产品，品种不太单一。多步骤生产按产品生产过程的加工方式不同，又可分为以下两种：

（1）连续式多步骤生产：又称分步式多步骤生产，简言之就是顺次加工，递进完工。即原材料投入生产后，要经过若干相互联系的加工步骤，前一步骤生产出来的半成品构成后一步骤的加工对象，直到最后加工步骤才能生产出产成品的生产。这种生产类型的典型企业如造纸、纺织、冶金等。

（2）装配式多步骤生产：又称平行式多步骤生产，简言之就是平行加工，最后组装。即将各种原材料平行地进行加工，制成产成品所需的各种零（部）件，再将零（部）件装配成为产成品的生产。这种生产类型的典型企业如汽车、机械制造等。

（二）企业的生产按照生产组织的特点划分

生产组织方式是指企业产品生产的方式，体现生产的专业化程度和产品生产的重复程度，具体说是指在一定时期内生产产品品种的多少，同种类型的产品生产数量以及生产的重复程度。按生产组织方式的特点，可以将企业的生产分为大量生产、成批生产和单件生产。

1. 大量生产

大量生产是指不断地重复制造品种相同的产品的生产。其主要特点是产品品种较少且比例稳定，每种产品的产量较多，专业化水平比较高。如供水、采掘、造纸、酿酒和钢铁制造等企业，都属于这种生产组织类型。

2. 成批生产

成批生产是指按照规定的产品批别和数量，每隔一定时期重复制造某种产品的生产。其主要特点是产品品种较多，生产有一定的重复性。比如服装、印刷、汽车等生产，都属于这种生产组织类型。成批生产按照产品批量的大小，可以分为大批、中批和小批三种类型，大批生产的性质接近于大量生产，小批生产的性质接近于单件生产。

3. 单件生产

单件生产是指按照购货单位的要求，进行特定规格和数量的产品的生产。其主要特点是产品品种较多、产量较小且重复生产少。如大型船舶、重型机械、专用设备的制造等，都属于这种生产组织类型。

在企业的生产经营活动中，生产工艺过程和生产组织方式是结合在一起的，不同的结合方式就会形成不同类型的生产企业。一般情况下，单步骤生产大多属于大量生产；多步骤生产中连续加工式生产往往属于大量大批生产，平行加工式生产则可能是大量生产、成批生产或小批单件生产。

（三）企业的成本管理要求

成本管理要求也是影响产品成本计算方法的很重要因素。企业生产类型不同，对成本进行管理的要求也不一样。生产类型的特点对成本计算方法的影响最终是由企业对成本管理的要求决定的。

三、生产类型和管理要求对成本计算方法的影响

（一）生产类型对成本计算方法的影响

企业的产品成本计算方法在很大程度上取决于企业的生产类型。为了正确计算产品的成本，成本方法的选用必须与企业的生产类型相适应。在成本计算方法的五个内容中，生产类型特点对成本计算方法的影响主要表现在三个方面，即成本计算对象的确定、成本计算期的确定和生产费用的期末成本分配。其中，成本计算对象的确定是最主要的。

1. 成本计算对象的确定

成本计算对象是为计算产品成本而确定的生产费用的归集与分配的对象，是生产费用的最终承担者。确定成本计算对象是设置基本生产成本明细账、归集各对象所应承担的生产费用、计算各对象的总成本和单位成本的重要前提。确定成本计算对象，是为了确定在多大范围内来归集生产费用、计算产品成本。

从成本核算的角度来看，不同的成本计算对象，形成不同的成本计算方法，不同品种的产品、不同批次的产品、不同类别的产品，以及生产经营过程中各个生产步骤的半成品，都可以作为成本计算对象。成本计算对象的确定主要是由企业的生产工艺过程决定的。

在单步骤生产条件下，生产过程中的各生产步骤既没有期末在产品，也没有半成品，因而成本计算对象比较单一，通常只能以最终完工的产成品为成本计算对象。

在多步骤连续式生产条件下，除了要以最终完工的产成品作为成本计算对象外，还可以将半成品也作为成本计算对象。

在多步骤装配式生产条件下，各步骤半成品的生产工艺特点基本相同，因而成本计算的影响主要是在生产的组织形式上。如果是单件、小批生产，一般以订单所确定的某件或某批产品作为成本计算对象；如果是大量或大批生产，则通常以最终完工产品作为成本计算对象。

2. 成本计算期的确定

成本计算期，是指生产费用计入产品成本所规定的起讫日期。不同生产类型的企业，成本计算期也不尽相同，主要有会计报告期和生产周期两种。但如何确定成本计算期，主要取决于生产组织的特点，即成本计算对象的确定主要

是由企业的生产组织方式决定的。

在大量、大批生产的企业，由于生产是连续不断进行的，企业不断投入原材料并不断地生产出产品，一般要以会计报告期作为成本计算期，所以成本计算期是定期的，与会计报告期一致，按照成本管理要求，通常按月进行成本计算。

在单件、小批生产中，由于生产一般是不重复进行的，批量不大且批内产品基本同时完工，因此产品成本只能在某件产品或某批产品完工后才能最终确定，所以成本计算期是不定期的，与产品的生产周期一致。

3. 期末成本分配

期末成本分配是生产费用在完工产品和期末在产品之间的分配。是否进行期末成本分配，主要是由期末在产品的数量决定的，而在产品数量则是由生产类型特点决定的。单步骤大量、大批生产的企业，期末进行产品成本计算时，生产费用不需进行分配。多步骤大量、大批生产的企业，期末在进行产品成本计算时，生产费用必须进行分配。多步骤单件、小批生产的企业，生产费用不必进行分配。

在单步骤大量、大批生产条件下，生产的连续不间断性和产品的生产周期短的特点，使生产过程中一般没有在产品，或期末在产品数量少，或各期在产品数量大致相同，因而期末在进行产品成本计算时，生产费用不需进行分配。

在多步骤大量、大批生产条件下，由于生产连续进行，投入与产出并存，投料与完工同在，各个生产步骤必然保持着一定数量但不同完工程度的在产品，而且它们在各期也不尽一致，因而期末在进行产品成本计算时，生产费用必须进行分配。

在多步骤单件、小批生产条件下，期末在进行产品成本计算时，生产费用不必进行分配。因为单件生产时，完工即是产成品，未完工即是在产品，生产费用根本就不必进行分配；而小批生产时，可能当月完工，也可能跨月完工，但同批产品未完工前，所归集的生产费用都是在产品的成本，同批产品全部完工后，所归集的生产费用分部构成该批完工产成品的成本，生产费用也不存在分配的问题。

（二）管理要求对成本计算方法的影响

产品成本计算方法主要取决于生产类型。不同的生产类型所采用的成本计算方法是不同的，但是各成本计算方法的运用也要受到成本管理要求的影响。在单件小批生产的企业，成本计算一般按批别进行；但在规模较大的装配式生产企业，为了加强各步骤的成本管理，不仅要求计算批别产品成本，还要求计算步骤产品成本；在连续式多步骤生产企业，应采用分步法；规模较小的企业，如果管理上不要求提供分步成本资料或不易采用分步法，也可以只以产品品种作为成本计算对象。

想一想

一个企业只能采用一种成本计算方法吗？我们应该如何来选择企业的成本计算方法？

企业生产类型与成本管理要求对成本计算方法的影响如表 5-1 所示。

表 5-1　　**生产类型、管理要求与成本计算基本方法**

<table>
<tr><th colspan="3">影响因素</th><th rowspan="2">产生影响</th><th colspan="3">影响内容</th><th rowspan="2">形成方法</th><th rowspan="2">成本计算方法</th></tr>
<tr><th>生产组织方式</th><th>生产工艺过程</th><th>成本管理要求</th><th>成本计算方法</th><th>成本计算期</th><th>生产费用的分配</th></tr>
<tr><td rowspan="3">大量大批生产</td><td>单步骤</td><td>要求按品种计算</td><td rowspan="5">→</td><td>产成品</td><td>定期按月</td><td>不需分配（不计在产品成本）</td><td rowspan="5">→</td><td rowspan="2">品种法</td></tr>
<tr><td rowspan="2">多步骤</td><td>不要求按步骤计算</td><td>产成品</td><td>定期按月</td><td>需要分配（计算在产品成本）</td></tr>
<tr><td>要求按步骤计算</td><td>半成品
产成品</td><td>定期按月</td><td>需要分配（计算在产品成本）</td><td rowspan="2">分步法</td></tr>
<tr><td rowspan="2">单件小批生产</td><td rowspan="2">单步骤或多步骤</td><td>要求按步骤计算</td><td>半成品
产成品</td><td>定期按月</td><td>需要分配（计算在产品成本）</td></tr>
<tr><td>只要求按批别计算</td><td>产成品</td><td>不定期按批别</td><td>不需分配（不计在产品成本）</td><td>分批法</td></tr>
</table>

第二节　品　种　法

一、品种法的特点与适用范围

（一）品种法及适用范围

品种法，是以产品品种作为成本计算对象，归集生产费用和计算产品成本的一种方法。在大量大批单步骤生产的企业及管理上不要求提供分步成本资料的大量大批多步骤生产的企业，都可采用品种法。

（二）品种法的特点

1. 以企业最终完工的产品作为成本计算对象

在品种法下，企业按产品的品种设置生产成本明细账。如果只生产一种产品，就以该产品设置生产成本明细账，企业所发生的生产费用都是直接费用，可根据有关费用的分配表直接计入生产成本明细账中的相关成本项目；如果生产几种产品，则分别以每种产品设置生产成本明细账，发生的直接费用直接计入各该产品的明细账，发生的间接费用采用适当的标准分配计入到受益产品的明细账。

2. 成本计算期定期按月进行，成本计算期与会计报告期一致

由于品种法的适用企业是连续不断地重复生产一种或几种产品，无法在产品制造完工时马上计算生产成本，所以成本计算一般按月进行，以日历月份确定的会计报告期作为成本计算期。

3. 区分不同情况处理在产品成本

在简单生产的企业，若在产品没有或很少的情况下，月末可以不计算在产品成本；在大量大批生产的企业，如果月末在产品较多，应采用适当的分配方法分别计算完工产品和月末在产品成本。

二、品种法的成本计算程序

产品成本计算程序是规范生产费用的汇总和分配的过程。品种法作为成本计算的最基本方法，其程序如下：

1. 开设生产成本明细账，按成本项目设置专栏

生产成本明细账，是按成本计算对象设置的、具有一定格式的、进行生产费用归集和产品成本计算的工具。品种法是按产品的品种来设置基本生产成本明细账，并按成本构成项目分别设置明细专栏的。

2. 按产品归集、分配生产费用并将其计入相关的成本项目

根据各种费用分配表，将生产费用分别按产品计入有关成本项目。对于各种产品耗用的直接费用，直接计入各种产品明细账；对于间接费用，则应采用不同的分配方法，按一定标准分配计入各种产品成本明细账中。

3. 计算完工产品成本和在产品成本

月末，根据各种产品生产成本明细账所归集的生产费用，编制成本计算单，计算完工产品总成本和单位成本以及月末在产品成本。

想一想

为什么说品种法是成本计算方法中最基本的方法？

三、品种法运用举例

（一）简单品种法运用举例

简单品种法是一种在单一品种条件下运用品种法进行成本计算的方法。在简单品种法下，生产成本明细账中所归集的生产费用就是产品成本。在单步骤大量大批生产企业中，产品品种单一，生产过程简短，一般没有在产品，只要将发生的生产费用按品种进行归集，就构成了总成本。其成本计算程序如图5-1所示。

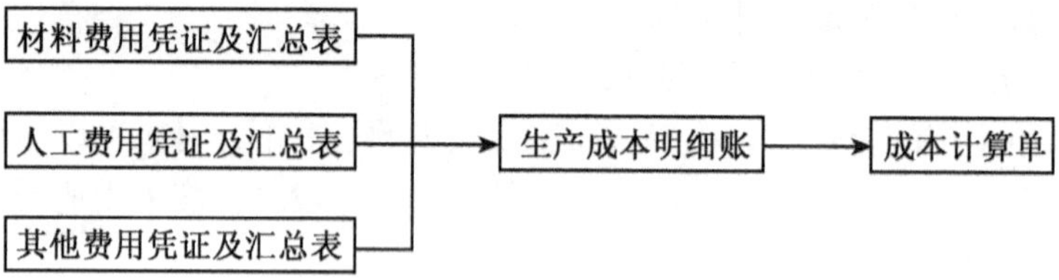

图5-1　简单品种法成本计算程序

【例5-1】　续第三章宇锋制造有限公司2007年8月份资料，第一生产车间只生产的DK-Ⅰ型产品且当月投产当月完工，无期初在产品和期末在产品，当月投产500件。

根据资料归集的宇锋制造有限公司生产费用资料，如表5-2所示。

表5-2　　**基本生产明细账**

产品名称：DK-Ⅰ　　生产车间：第一生产车间　　投产量：500件

年		凭证		摘　要	成本项目				合　计
月	日	字	号		直接材料	外购动力	直接人工	制造费用	
			1	分配原材料费用	36 750				36 750
			2	分配动力费用		2 762.5			2 762.5
			3	领用包装物	2 240				2 240
			4	领用低值易耗品				750	750
			5	分配工资费用			25 536	3 827	29 363
			6	计提福利费用			3 575.04	535.78	4 110.82
			7	计提折旧				3 963.68	3 963.68
			8	分配辅助生产成本				18 060	18 060
				生产费用合计	38 990	2 762.5	25 111.04	27 136.46	98 000

根据基本生产明细账中归集的生产费用，编制产品成本计算单如表5-3所示。

表5-3 **产品成本计算单**

产品名称：DK-Ⅰ　　2007年8月31日　　金额单位：元

成本项目	直接材料	外购动力	直接人工	制造费用	合计
总成本	38 990	2 762.5	25 111.04	27 136.46	98 000
单位成本	77.98	5.53	50.22	54.27	196.00

会计主管：赵星明　　复核：孙武　　制单：吴安琢

(二) 典型品种法运用举例

典型品种法是一种在多品种条件下运用品种法进行成本计算的方法。企业要分品种分别设置生产成本明细账，用来归集生产费用并进行期末分配。在多步骤大量大批同时生产多种产品的企业，期末可能会存在一定数量的在产品，因而要将生产费用在完工产品与在产品之间进行分配。核算程序如图5-2所示。

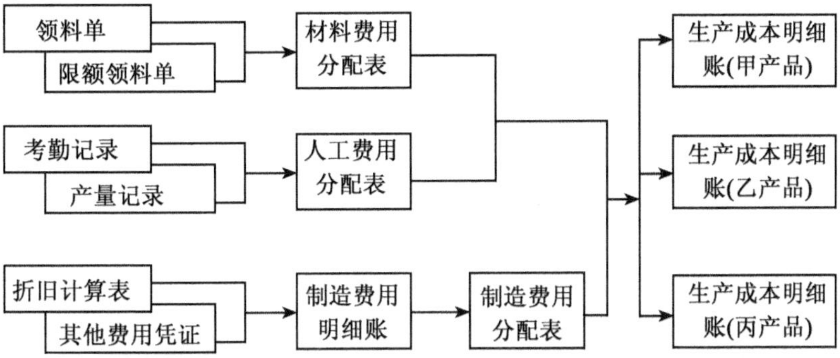

图5-2　典型品种法成本计算程序

想一想

品种法的特点是什么？其成本计算有什么要求？简单品种法与典型品种法的主要区别在哪里？

【例5-2】 续第三章宇锋制造有限公司2007年8月份资料，如果第二生产车间DK-Ⅱ型和DK-Ⅲ型两种产品均按约当产量法计算产品成本，原材料费用一次性投入，月末在产品的完工程度分别为50%和60%。当月期初成本及产量资料如表5-4和表5-5所示。

表5-4　　**月初在产品成本**　　金额单位：元

项　目	直接材料	外购动力	直接人工	制造费用	合计
DK-Ⅱ	25 480	642	2 039.6	6 940	35 101.6
DK-Ⅲ	56 590	1 110	2 642.4	5 880	66 222.4

表5-5　　**产 量 资 料**　　单位：件

项　目	月初在产品	本月投产	本月完工	月末在产品
DK-Ⅱ	340	1 160	1 300	200
DK-Ⅲ	320	1 660	1 530	450

根据宇锋制造有限公司2007年8月份资料，按品种法对DK-Ⅱ型和DK-Ⅲ型两种产品成本进行计算的过程如下：

1. 开设基本生产明细账，并按成本项目设四个专栏

以DK-Ⅱ型和DK-Ⅲ型产品为成本计算对象，开设基本生产明细账，并按企业需要设立直接材料、直接人工、外购动力和制造费用四个成本项目专栏。开设的基本生产明细账如表5-6和表5-7所示。

2. 分配要素费用，并登记基本生产明细账

根据第三章【例3-6】、【例3-7】、【例3-8】、【例3-9】、【例3-15】、【例3-16】、【例3-17】、【例3-18】、【例3-23】的各种费用要素的分配表及所做的会计分录，在基本生产明细账中登记并归集当月生产费用。登记结果如表5-6和表5-7所示。

表5-6　　**基本生产明细账**

产品名称：DK-Ⅱ　　生产车间：第二生产车间　　投产量：1 160件

年		凭证		摘　要	成 本 项 目				合　计
月	日	字	号		直接材料	外购动力	直接人工	制造费用	
8	1			期初在产品成本	25 480	642	2 039.6	6 940	35 101.6

续表

年		凭证		摘　　要	成本项目				合　计
月	日	字	号		直接材料	外购动力	直接人工	制造费用	
			1	分配原材料费用	69 300				69 300
			2	分配动力费用		2 788			2 788
			3	领用包装物	2 720				2 720
			5	分配工资费用			7 360		7 360
			6	计提福利费用			1 030.4		1 030.4
			10	分配制造费用				18 400	18 400
				本月费用合计	72 020	2 788	8 390.4	18 400	101 598.4
8	31			结转完工成本	84 500	3 185	9 685	23 530	120 900
				月末在产品成本	13 000	245	745	1 810	15 800

表 5-7　　**基本生产明细账**

产品名称：DK-Ⅲ　　生产车间：第二生产车间　　本月投产量：1 660 件

年		凭证		摘　　要	成本项目				合计
月	日	字	号		直接材料	外购动力	直接人工	制造费用	
8	1			期初在产品成本	56 590	1 110	2 642.4	5 880	66 222.4
			1	分配原材料费用	213 300				213 300
			2	分配动力费用		4 182			4 182
			3	领用包装物	2 360				2 360
			5	分配工资费用			11 040		11 040
			6	计提福利费用			1 545.6		1 545.6
			10	分配制造费用				27 600	27 600
				本月费用合计	215 660	4 182	12 585.6	27 600	260 027.6
8	31			结转完工成本	210 375	4 498.2	12 943.8	28 458	256 275
				月末在产品成本	61 875	793.8	2 284.2	5 022	69 975

3. 设置产品成本计算单，计算完工产品和在产品成本

月末，根据基本生产明细账的资料，设置产品成本计算单，分别对应DK-Ⅱ型和DK-Ⅲ型的月末在产品和完工产品的总成本与单位成本。其开设和计算结果如表5-8和表5-9所示。

表5-8　　　　产品成本计算单

产品名称：DK-Ⅱ　　　　2007年8月　完工数量：1 300　在产数量：200

项　目	直接材料	外购动力	直接人工	制造费用	合　计
月初在产品成本	25 480	642	2 039.6	6 940	35 101.6
本月生产费用	72 020	2 788	8 390.4	18 400	101 598.4
本月费用合计	97 500	3 430	10 430	25 340	136 700
约当总产量	1 500	1 400	1 400	1 400	—
单位产品成本	65	2.45	7.45	18.1	93
完工产品总成本	84 500	3 185	9 685	23 530	120 900
月末在产品成本	13 000	245	745	1 810	15 800

会计主管：赵星明　　　　复核：孙武　　　　制单：吴安琢

表5-9　　　　产品成本计算单

产品名称：DK-Ⅲ　　　　2007年8月　完工数量：1 530　在产数量：450

项　目	直接材料	外购动力	直接人工	制造费用	合　计
月初在产品成本	56 590	1 110	2 642.4	5 880	66 222.4
本月生产费用	215 660	4 182	12 585.6	27 600	260 027.6
本月费用合计	272 250	5 292	15 228	33 480	326 250
约当总产量	1 980	1 800	1 800	1 800	—
单位产品成本	137.5	2.94	8.46	18.6	167.5
完工产品总成本	210 375	4 498.2	12 943.8	28 458	256 275
月末在产品成本	61 875	793.8	2 284.2	5 022	69 975

会计主管：赵星明　　　　复核：孙武　　　　制单：吴安琢

4. 结转完工产品成本

根据产品成本计算单，完工入库的产品进行的成本结转，编制会计分录如下：

借　库存商品——DK-Ⅱ　　120 900

　　　　　　　DK-Ⅲ　　256 275

　贷　生产成本——基本生产成本—DK-Ⅱ　　120 900

　　　　　　　　　　　　DK-Ⅲ　　256 275

根据所做的会计分录登记基本生产明细账，结果如表5-6和表5-7所示。

第三节　分　批　法

一、分批法的特点与适用范围

（一）分批法及适用范围

分批法是指以产品的批次为成本计算对象归集生产费用并计算产品成本的一种方法。在成批组织产品生产的企业里，产品批次是按照一定品种和一定批量的产品划分的，因此分批法是计算一定品种和一定批量产品成本的方法，它往往是根据客户的订单确定的，所以又叫订单法。

分批法主要适用于单件、小批、管理上不要求分步计算成本的多步骤生产的企业。在单件、小批生产的企业，生产是根据购买者的购销合同或订单来组织的，生产具有一次性的特点，如果同时进行几件或几批产品的生产，在件与件、批与批之间，它们的种类、规格、性质不同，所用的原材料与制造方法各异，所以客观上要求以每个单件或每个批别来计算产品成本。

（二）分批法的特点

1. 以产品的批别（或件别）作为成本计算对象

在分批法下，企业按产品的批别或订单设置生产成本明细账。对于各批产品所耗用的直接费用，按实际耗用金额直接计入；对于各批产品共同耗用的间接费用，先按部门归集，然后用适当的方法分配计入各批成本明细账之中。

产品批别的确定有三种方式：订单、化整为零、化零为整。在小批单件生产中，企业通常是按订单来组织产品的生产，以订单为单位进行成本计算；对一张订单中有几种产品或虽只有一种产品但批量较大且要求分批交货时，为便于生产管理和成本考核，则可采取化整为零的方式，将一张订单划分为若干批次或若干批量进行成本计算；有时在同一时期，企业接到不同购货单位的要求生产同一种产品的几张订单，为了合理地组织生产，则可以采取化零为整的方式，将几张订单合并为一个批次来组织生产，并进行成本计算。

2. 成本计算不定期进行，成本计算期是生产周期

分批法下的成本计算是按产品的批别进行的，产品成本要在批次产品完工时才能确定，所以其成本计算期是不确定的，它以某一批次产品的开工投产到

生产完工为成本计算期间，所以成本计算期与产品的生产周期一致，而与会计报告期不一致。

3. 期末一般不需要进行在产品成本分配

在分批法下，在某一个月内，当某一订单或批次产品全部完工时，生产成本明细账所归集的生产费用全部构成完工产品成本；月末时，当某一订单或批次产品全部未完工时，生产成本明细账所归集的生产费用则全部构成月末在产品成本。因此从理论上说不存在着完工产品和在产品之间的成本分配问题。有时也可能存在跨月完工的情况，且完工的产品要交付给订货单位，这时就有必要进行期末成本分配，计算出完工产品成本和月末在产品成本。

（三）分批法的类型

根据间接费用的分配和处理方式的不同，分批法可分为两种类型，即典型分批法和简化分批法。典型分批法又叫一般分批法或当月分配法，就是在每一个月无论是否有产品完工，都将间接费用按受益对象和规定方法进行分配；简化分批法也叫累计分配法，是在每一个月都归集间接费用，但只有在有批次产品完工的月份，才将归集的费用分配给完工产品成本。下面对这两种方法进行具体说明。

想一想

1. 品种法与分批法的成本计算期和成本计算对象是否一致？
2. 分批法的基本特点是什么？如何来确定产品的批别？

二、典型分批法

（一）典型分批法及适用范围

典型分批法就是间接费用的当月分配法，是指将当月发生的间接费用全部分配给各成本计算对象，并计入各生产成本明细账和成本计算单，而不论各个成本计算对象的产品是否已经完工的一种方法。在这种方法下，各月所归集的间接费用在当月分配并计入各批次产品的成本之中。它一般适用于生产周期比较短的单件、小批生产企业，因为这类企业当月投产的产品基本上可以当月完工，按月分配各项间接费用可使产品的生产成本真实地反映生产耗费情况。

（二）典型分批法的成本计算程序

1. 按任务书批次设置生产成本明细账，并按成本项目分设专栏

在生产开始时，会计部门应根据每份生产任务通知书确定的产品批次，开设生产成本明细账和成本计算单，并按成本项目分设专栏，便于进行生产费用归集。

2. 费用凭证注明用途，分清批次产品的费用

为便于按批次归集生产费用，应对生产过程的各项耗费的原始凭证进行注释，属于记录直接费用发生的原始凭证，要注明生产通知单批号，以便将费用进行归集，记入相应的批次的产品生产成本明细账中；属于记录间接费用发生的原始凭证，则要注明其用途和费用发生的地点。

3. 编制要素费用分配表，分配并归集批次产品的生产费用

根据注明用途的原始凭证，属于各批次产品直接费用的，按定单或批次号直接计入各该批次产品的生产成本明细账；属于各批次产品间接费用的，按照一定的标准在各批次产品之间先行分配，再计入各该批次产品的生产成本明细账。

4. 月末，结算各批次产品的生产费用，计算产品成本

月末，对各批次产品的生产费用进行结算，月内已经完工的各批次产品，生产成本明细账上的所归集的全部生产费用就是完工批次产品的总成本，除以完工数量即为单位成本；月内未完工的各批次产品，其生产成本明细账上的所归集的全部生产费用就构成月末在产品成本；如果同一批次跨月陆续完工交货，则应对生产成本明细账上所归集的生产费用采用一定的方法在完工产品和在产品之间进行分配。

综上所述，典型分批法的成本计算程序可用图 5-3 来表示。

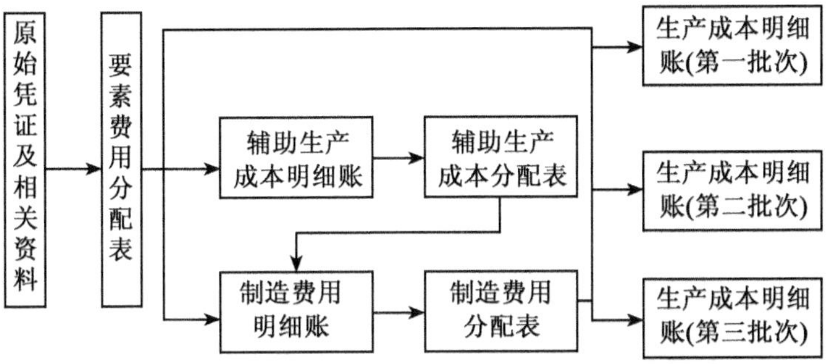

图 5-3　典型分批法成本计算程序

（三）典型分批法的运用举例

【例 5-3】　永福公司是一个按客户订单生产的小批量生产企业，2007 年第二季度，第一车间按客户要求组织生产 401#、501#和 601#三批产品，原材料在批次产品投产时一次性投入。有关产品生产的基本情况及和成本资料如表 5-10 至表 5-12 所示。

表 5-10 **产品生产情况**

批号	产品名称	批量	投产日期	完工日期	完工产量	备注
401#	甲产品	20 件	4 月 23 日	6 月 27 日	20 件	
501#	乙产品	10 台	5 月 16 日	6 月 29 日	6 台	完工程度 50%
601#	丙产品	15 件	6 月 11 日			

表 5-11 **费用发生情况**

项目	材料费用	人工费用	制造费用	合计
四月份	84 000	3 420	2 780	90 200
五月份	120 000	9 360	7 560	136 920
六月份	66 000	19 680	17 712	103 392

表 5-12 **实际生产工时**

批号	产品名称	四月份	五月份	六月份	合 计
401#	甲产品	2 300	2 100	4 000	8 400
501#	乙产品	—	2 400	2 200	4 600
601#	丙产品	—	—	2 000	2 000
合 计		2 300	4 500	8 200	15 000

根据上述资料，运用生产费用的当月分配法进行成本计算过程如下：

(1) 按生产批号开设基本生产明细账。企业应根据其投产时间分别开设各批次产品的基本生产明细账，如表 5-17、表 5-18 和表 5-19 所示。

(2) 分配归集生产费用。企业由于一次性投料，各月投入的原材料全部为当月各批次产品耗用，直接计入各批次产品的生产成本明细账；人工费用和制造费用按实耗工时在月末进行分配，由于四月份只生产一批产品，发生的费用全部由 401#甲产品负担，五月份和六月份则要编制费用分配表进行分配，分别计入各受益产品成本中。五、六月份费用分配情况如表 5-13 至表 5-16 所示。

表 5-13 **人工费用分配表**

生产车间：第一车间 2006 年 5 月 金额单位：元

应借账户			成本费用项目	实际工时	分配率	分配金额
总账	二级账	明细账				
生产成本	基本生产成本	401#	直接人工	2 100		4 368
		501#	直接人工	2 400		4 992
合计				4 500	2.08	9 360

会计主管：赵安 复核：李武全 制单：蒋晴旺

表 5-14 **人工费用分配表**

生产车间：第一车间 2007 年 6 月 金额单位：元

应借账户			成本费用项目	实际工时	分配率	分配金额
总账	二级账	明细账				
生产成本	基本生产成本	401#	直接人工	4 000		9 600
		501#	直接人工	2 200		5 280
		601#	直接人工	2 000		4 800
合计				8 200	2.4	19 680

会计主管：赵安 复核：李武全 制单：蒋晴旺

表 5-15 **制造费用分配表**

生产车间：第一车间 2006 年 5 月 金额单位：元

应借账户			成本费用项目	实际工时	分配率	分配金额
总账	二级账	明细账				
生产成本	基本生产成本	401#	制造费用	2 100		3 528
		501#	制造费用	2 400		4 032
合计				4 500	1.68	7 560

会计主管：赵安 复核：李武全 制单：蒋晴旺

表5-16 **制造费用分配表**

生产车间：第一车间 2007年6月 金额单位：元

应借账户			成本费用项目	实际工时	分配率	分配金额
总账	二级账	明细账				
生产成本	基本生产成本	401#	制造费用	4 000		8 640
		501#	制造费用	2 200		4 752
		601#	制造费用	2 000		4 320
合计				8 200	2.16	17 712

会计主管：赵安 复核：李武全 制单：蒋晴旺

根据分配情况编制会计分录（会计分录略），并登记生产成本明细账，其登记结果如表5-17、表5-18和表5-19所示。

表5-17 **基本生产明细账**

生产批号：401# 生产批量：20件 开工时间：4月23日

产品名称：甲产品 完工数量：20件 完工时间：6月27日

年		凭证		摘要	成本项目			合计
月	日	字	号		直接材料	直接人工	制造费用	
4	23			领用材料	84 000			84 000
	30			人工与制造费用		3 420	2 780	6 200
	30			本月生产费用合计	84 000	3 420	2 780	90 200
5	30			分配工资及福利		4 368		4 368
	30			分配制造费用			3 528	3 528
	31			本月生产费用合计		4 368	3 528	7 896
6	30			分配工资及福利		9 600		9 600
	30			分配制造费用			8 640	8 640
	30			本月生产费用合计		9 600	8 640	18 240
6	30			生产费用总计	84 000	17 388	14 948	116 336
				结转完工产品成本	84 000	17 388	14 948	116 336

表 5-18　　　　　　　　　　　**基本生产明细账**

生产批号：501#　　　　　生产批量：10 台　　　　开工时间：5 月 16 日

产品名称：乙产品　　　　完工数量：6 台　　　　完工时间：6 月 29 日

年		凭证		摘　　要	成本项目			合计
月	日	字	号		直接材料	直接人工	制造费用	
5	16			领用材料	120 000			120 000
	30			分配工资及福利		4 992		4 992
	30			分配制造费用			4 032	4 032
	31			本月生产费用合计	120 000	4 992	4 032	129 024
6	30			分配工资及福利		5 280		5 280
	30			分配制造费用			4 752	4 752
	30			本月生产费用合计		5 280	4 752	10 032
6	30			生产费用总计	120 000	10 272	8 784	139 056
				结转完工产品成本	72 000	7 704	6 588	86 292
				月末在产品成本	48 000	2 568	2 196	52 764

注：表中完工产品成本各成本项目计算如下：

直接材料成本 = 120 000 ÷ 10 × 6 = 72 000（元）

直接人工成本 = 10 272 ÷ （6 + 4 × 50%） × 6 = 7 704（元）

制造费用成本 = 8 784 ÷ （6 + 4 × 50%） × 6 = 6 588（元）

表 5-19　　　　　　　　　　　**基本生产明细账**

生产批号：601#　　　　　生产批量：15 件　　　　开工时间：6 月 11 日

产品名称：丙产品　　　　完工数量：　　　　　　完工时间：

年		凭证		摘　　要	成本项目			合计
月	日	字	号		直接材料	直接人工	制造费用	
6	11			领用材料	66 000			66 000
6	30			分配工资及福利		4 800		4 800
	30			分配制造费用			4 320	4 320
	30			本月生产费用合计	60 000	4 800	4 320	69 120

（3）月末结算生产费用，计算并结转完工产品成本。由于六月份才有产

品生产完工，因此四、五月份只需进行费用结算，从而形成各批次产品的在产品成本，六月份则还要计算并结转完工产品成本，其结果见表5-17至表5-19的“本月生产费用合计”及“结转完工产品成本”等栏。

三、简化分批法

（一）简化分批法的意义

在同一月份投产的产品批数很多，且月末未完工批数较多的企业，各种间接费用在各批次产品之间按月进行分配的工作量就极为繁重。为了简化会计核算工作，就可以先将间接费用累计起来，采取简化分批法，以减少间接费用分配的工作量。

简化分批法就是间接费用的累计分配法，是指在分批法的成本计算中，只对每月已经完工的批别或订单产品进行间接费用的分配，对未完工的批别或订单产品应负担的间接费用，暂时保留其总额并累加起来，待以后月份计算的一种方法。在这种方法下，只有在有完工产品的月份才对所归集的间接费用进行分配，而且只计算完工批次产品应承担的部分，并把其计入有完工产品的生产成本明细账之中，未完工批次产品不予考虑。

（二）简化分批法的成本计算程序

1. 设立基本生产成本二级账，登记所有批次产品的累计生产费用和工时资料

在简化分批法下，首先要开设一个基本生产成本二级账，不仅要按成本项目设专栏，还要生产工时资料专栏，用来登记企业或车间所有批次产品的累计生产费用和生产工时资料，解决所有批次产品的全部成本计算与期末成本分配问题。基本生产成本二级账的基本格式如表5-20所示。

2. 按批别设置生产明细账，登记该批次产品完工前的直接费用和生产工时

在开设基本生产成本二级账的同时，企业仍然还得按批别设置生产明细账，登记该批次产品完工前的直接费用和生产工时，但不登记间接费用，用来进行各该批次产品的成本计算与期末成本分配。

关于间接费用的处理方法是：每月发生的间接费用，不是按月在各批次产品之间进行分配，而是先在基本生产成本二级账中累计起来，在有完工产品的月份，才计算累计间接费用分配率，并在各批完工产品之间进行分配，计算完工产品成本。

3. 计算累计间接费用分配率，进行完工产品的成本计算与期末成本分配

间接费用的分配，可以按下列公式进行：

$$\text{某项累计间接费用分配率}=\frac{\text{全部批次产品该项累计间接费用}}{\text{生产全部批次产品累计工时}}$$

$$\text{某批次完工产品承担的累计间接生产费用}=\text{该批次完工产品耗费工时}\times\text{该项累计间接费用分配率}$$

完工产品成本的计算由两部分构成，一是直接费用的，由期末成本计算方法确定；二是间接费用的，根据上述公式计算的结果确定。两者之和为总成本，总成本除以完工数量即为单位成本。

月末在产品成本：基本生产成本明细账和二级账中的月末生产费用合计数即为各批次和全部未完工产品的月末在产品成本。它是全部生产费用扣除完工产品成本后的结果。

想一想

简化分批法“简化”在何处？在简化分批法下，如何对间接费用进行分配？

简化分批法的核算程序如图 5-4 所示。

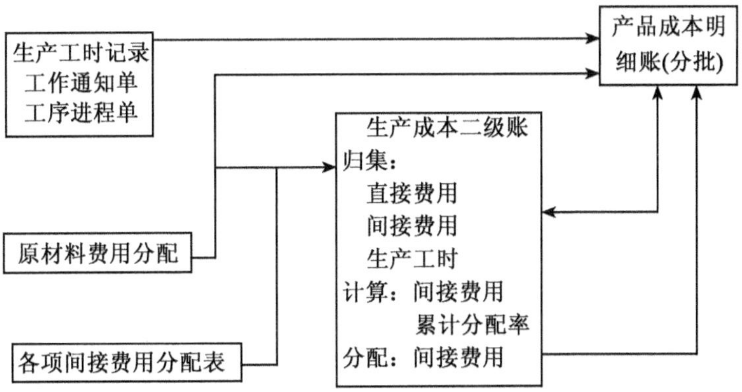

图 5-4　简化分批法成本计算程序

（三）简化分批法的特点

简化分批法与典型分批法相比较，具有以下特点：

第一，必须设立基本生产成本二级账，归集累计费用和工时资料。

第二，间接费用的分配是在有完工产品的月份进行的。即每月发生的间接费用，不是按月进行分配，不在生产成本明细账中进行登记，而是先在二级账中进行累计，在有完工产品的月份才进行分配，并计入到生产成本明细账。

第三，间接费用与期末成本的分配利用累计间接计入费用分配率合并完成，即间接费用的分配、完工产品与在产品间的成本分配两项工作是在有批次产品完工时，通过计算累计间接计入费用分配率并利用它来合并进行的。

（四）简化分批法运用举例

【例 5-4】 续上例，永福公司改为按累计分配法计算并结转完工产品成本。根据相关资料，其生产费用归集、分配与产品成本计算过程如下：

（1）开设基本生产二级账和产品成本明细账。设置一个基本生产二级账，登记所有批次产品的工时的成本和费用资料，同时按产品批次设生产成本明细账，开设情况如表 5-20 至表 5-23 所示。

（2）登记二级账和明细账。根据第二季度发生的工时和费用等资料，按月登记开设的基本生产成本二级账和明细账，其登记结果如表 5-20 至表 5-23 所示。

（3）计算并结转完工产品成本。六月份有 401#批次产品全部完工和 501#批次产品部分完工，因此要计算累计间接费用分配率并据此进行完工产品的成本分配。

表 5-20　　**基本生产二级账**

年		凭证		摘要	生产工时	成本项目			合计
月	日	字	号			直接材料	直接人工	制造费用	
4	30			本月发生工时与费用	2 300	84 000	3 420	2 780	90 200
5	30			本月发生工时与费用	4 500	120 000	9 360	7 560	136 920
6	30			本月发生工时与费用	8 200	66 000	19 680	17 712	103 392
6	30			累计工时与费用	15 000	270 000	32 460	28 052	330 512
	30			累计间接费用分配率	—	—	2. 164	1. 8701	—
	30			本月完工转出	11 850	156 000	25 643. 4	22 160. 69	203 804. 09
	30			月末工时与生产费用	3 150	114 000	6 816. 6	5 891. 31	126 707. 91

表中，累计间接费用分配率是计算结转完工产品的基本和依据，计算如下：

直接人工分配率 = 32 460 ÷ 15 000 = 2. 164（元/时）

制造费用分配率 = 28 052 ÷ 15 000 = 1.8701 （元/时）

表 5-21 **基本生产明细账**

生产批号：401# 生产批量：20 件 开工时间：4 月 23 日

产品名称：甲产品 完工数量：20 件 完工时间：6 月 27 日

年		凭证		摘要	生产工时	成本项目			合计
月	日	字	号			直接材料	直接人工	制造费用	
4	30			本月发生工时与费用	2 300	84 000			
5	30			本月发生工时与费用	2 100				
6	30			本月发生工时与费用	4 000				
	30			累计工时与费用	8 400	84 000			
	30			累计间接费用分配率	—	—	2.164	1.8701	—
	30			本月完工转出	8 400	84 000	18 177.6	15 708.84	117 886.44

表 5-22 **基本生产明细账**

生产批号：501# 生产批量：10 台 开工时间：5 月 16 日

产品名称：乙产品 完工数量：6 台 完工时间：6 月 29 日

年		凭证		摘要	生产工时	成本项目			合计
月	日	字	号			直接材料	直接人工	制造费用	
5	30			本月发生工时与费用	2 400	120 000			
6	30			本月发生工时与费用	2 200				
	30			累计工时与费用	4 600				
	30			累计间接费用分配率	—	—	2.164	1.8701	—
	30			本月完工转出	3 450	72 000	7 465.8	6 451.85	85 917.65
	30			月末在产品工时费用	1 150	48 000			

注：表中完工产品成本各项目计算如下：

直接材料成本 = 120 000 ÷ 10 × 6 = 72 000 （元）

转出生产工时 = 4 600 ÷ （6 + 4 × 50%） × 6 = 3 450 （小时）

直接人工成本 = 2.164 × 3 450 = 7 465.8 （元）

制造费用成本 = 1.8701 × 3 450 = 6 451.85 （元）

表5-23　　　　基本生产明细账

生产批号：601#　　生产批量：15 件　　开工时间：6 月 11 日
产品名称：丙产品　　完工数量：　　完工时间：

年		凭证		摘　　要	生产工时	成本项目			合计
月	日	字	号			直接材料	直接人工	制造费用	
6	30			本月发生工时与费用	2 000	66 000			

第四节　分　步　法

一、分步法的特点与适用范围

（一）分步法及适用范围

分步法是以各种产品及其所经过的生产步骤为成本计算对象，归集生产费用，计算产品成本的一种方法。它适用于大量、大批、多步骤生产，并且管理上要求按步骤核算成本的企业，如纺织、钢铁、化工、造纸等类型的企业。在这类企业中，生产过程由若干个生产技术上可以间断的生产步骤组成，每经过一个生产步骤相应地形成一种半成品，并且也存在一定数量的在产品，这些半成品即可以成为下一步骤的加工对象，也可以直接对外销售。为了适应这一生产特点，不仅要求按照产品品种归集生产费用，计算完工产品成本，而且还要按照生产步骤归集生产费用，计算各步骤的生产成本，以满足企业计算损益和成本归口分级管理的需要。

（二）分步法的特点

1. 成本计算对象是完工产成品及其所经过的各生产步骤

采用分步法计算产品成本时，既要计算出最后步骤完工产品的成本，又要计算出每一生产步骤所发生的生产成本，因此企业必须按产品的生产步骤和产品的品种设立生产成本明细账。如果企业只生产一种产品，成本计算对象就是该产品所经过的生产步骤，产品生产成本明细账应该按生产步骤设置；如果企业生产多种产品，成本计算对象就是各该产品及其所经过的各生产步骤，产品生产成本明细账应该按每种产品的各个生产步骤设置。

在实际工作中，生产步骤的划分与实际的生产步骤不一定一致，企业应根据管理的要求和简化核算的原则，可只对管理上要求分步计算成本的生产步骤，设置产品生产成本明细账，单独计算成本；对管理上不要求分步计算成本的生产步骤，则可以与其他生产步骤合并计算成本。如果企业的生产规模较大，车间内又有几个生产步骤且管理上要求分步骤计算时，可在车间内再分几个步骤计算成本；否则，可将几个车间合并为一个生产步骤计算成本。

2. 成本计算按月定期进行，成本计算期与生产周期不一致

在大量、大批、多步骤生产的企业里，生产具有连续性，原材料在各个月份内源源不断地投入，完工产品在各个报告期内源源不断地产出，企业无法明确分辨出产品的间断期。为保证成本核算的及时性，成本计算一般在每月末进行，即成本计算期与生产周期不一致，但与会计报告期一致。

3. 期末成本分配：生产费用要在完工产品和期末在产品之间进行分配

在大量、大批、多步骤生产的企业，产品往往存在跨月陆续完工的情况，生产过程中也始终存在一定数量的在产品，因此企业必须在成本计算期末按一定的方法将生产成本明细账所归集的生产费用在完工产品和月末在产品之间进行分配，从而求出最终完工产品、各生产步骤完工半成品和月末在产品的成本。

4. 各步骤归集的生产费用要在各生产步骤之间进行结转

在分步法下，由于产品的生产是分步骤进行的，上一步骤的半成品往往构成下一步骤的加工对象，因此在计算最终完工产品及各步骤半成品成本时，还需要将各步骤半成品成本按照产品的品种进行结转，这样在各生产步骤之间进行半成品成本结转的方法就构成了分步骤法的重要特点之一。

想一想

分步法与品种法有联系吗？

根据半成品成本在各生产步骤之间结转的方式的不同，同时考虑成本管理要求和成本核算工作的需要，将分步法分为两种，即逐步结转分步法和平行结转分步法。下面对这两种方法进行具体说明。

二、逐步结转分步法

（一）逐步结转分步法的内容要点

1. 逐步结转分步法的含义

逐步结转分步法又叫顺序结转分步法，是指按照产品加工顺序，逐步计算并结转半成品成本，直到最后一个步骤完成，才能计算出产品成本的一种成本计算方法。在这种方法下，各个生产步骤在期末都要进行完工半成品与在产品间的成本分配，且前一步骤的半成品成本会随着半成品实物的转移而结转到后

一步骤的产品成本之中，其主要特点是能提供各步骤完整的半成品资料，所以这种方法又叫“计算半成品成本的分步法”。它适用于半成品具有独立的经济意义、半成品对外销售、管理上要求提供各生产步骤的半成品成本资料的大量、大批连续式多步骤生产。

2. 逐步结转分步法的主要特点

（1）成本归集与结转。按照产品的加工顺序，分别计算各生产步骤成本计算对象的成本，并将成本依次结转，直至最后步骤计算出完工产品成本。

（2）半成品成本构成。各生产步骤生产的半成品，都是由上一步骤转来的半成品成本加上本步骤发生的直接材料费用和加工费用构成的。

（3）期末成本分配。各步骤归集的生产费用，要在完工半成品和狭义在产品之间分配，只有最后步骤归集的生产费用是在产成品和狭义在产品之间进行分配的。

（二）逐步结转分步法成本计算程序

在逐步结转分步法下，各个生产步骤完工的半成品转入下一生产步骤，在会计上有两种处理方法：一是通过半成品库收发，即先验收入库，下一生产步骤根据生产需要从仓库领取上一步骤的半成品继续进行加工；二是直接转移，即不通过半成品库收发，上一步骤半成品完工验收合格后，直接将其转交给下一生产步骤继续加工。半成品的会计处理方法不同，其成本计算程序也不一样，现分别进行说明。

1. 半成品通过半成品库的核算

半成品通过半成品库收发时，其验收入库和生产领用应通过“自制半成品——××步骤半成品”和“基本生产成本——××步骤”账户来进行会计处理，其计算程序如图 5-5 所示。

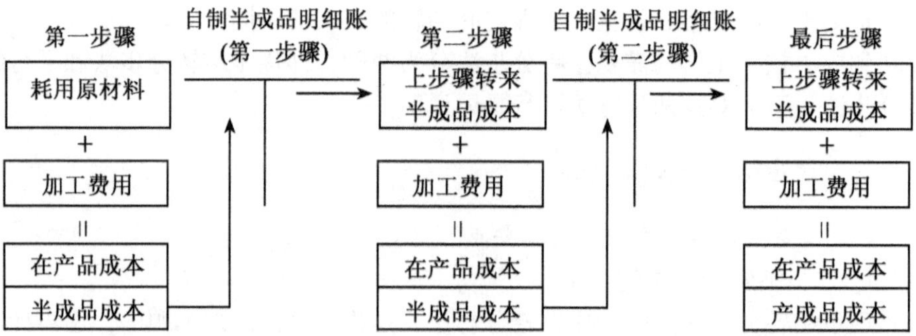

图 5-5　半成品入库收发的逐步结转分步法的成本计算程序

2. 半成品不通过半成品库的核算

半成品不通过半成品库收发而直接转交时，只需要通过“基本生产成本——××步骤”账户进行会计处理就行了，其计算程序如图 5-6 所示。

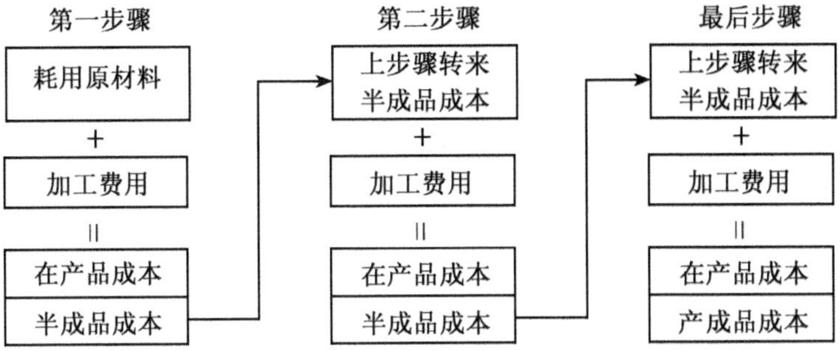

图 5-6　半成品直接转交的逐步结转分步法的成本计算程序

（三）逐步结转分步法的结转方式

按半成品成本在下一生产步骤生产成本明细账中的反映方式的不同，逐步结转分步法可分为综合结转和分项结转两种方法。

1. 综合结转

综合结转分步法是指各生产步骤将其所耗费的上一步骤的半成品成本，以“直接材料”或专设的“半成品”成本项目，综合反映在其生产成本明细账中的方法。采用综合结转分步法，除第一步骤以外的各生产步骤，不仅要汇总本步骤发生的生产费用，还要将领用的半成品成本作为本步骤的一项原材料费用，使各步骤的半成品（最后步骤为产成品）成本都是截止到本步骤的完全累积成本。

（1）综合结转分步法下半成品的计价

综合结转分步法下，半成品成本按生产步骤依次结转时，可以采用实际和计划两种计价方法。

① 半成品按实际成本计价结转。在实际成本计价的情况下，各步骤所耗上一步骤的半成品成本，应根据所耗半成品的实际数量乘以半成品的实际单位成本计算确定。在半成品通过半成品库收发的情况下，各步骤所耗用半成品的单位成本可采用加权平均法和先进先出法来确定。

② 半成品按计划成本计价结转。在计划成本计价的情况下，平时各步骤所耗用的半成品成本按耗用数量乘以计划单位成本计算确定，月末结算时，根据自制半成品成本差异率将计划成本调整为实际成本。为了便于反映半成品成本差异和分析差异对本步骤成本的影响，自制半成品明细账不仅要设收入、发

出和结存三栏，还必须在这三栏下设数量、计划成本、实际成本和成本差异等栏目，来反映收入、发出和结存的实际数量、实际成本与计划成本资料。其具体格式如表 5-24 所示。

表 5-24　　**自制半成品明细账**　　第　页

半成品名称：　　生产车间：

年		凭证号数	摘要	收入				发出				结存			
月	日			数量	计划成本	实际成本	成本差异	数量	计划成本	实际成本	成本差异	数量	计划成本	实际成本	成本差异

基本生产明细账如表 5-25 所示。

表 5-25　　**基本生产明细账**　　第　页

生产车间：　　产品名称：　　产量：

年		凭证号数	摘要	产量	半成品（直接材料）			直接人工	制造费用	成本合计
月	日				计划成本	成本差异	实际成本			

（2）综合结转分步法下成本计算运用举例

下面以实际成本综合结转的方法，对综合结转分步法的运用举例说明。

【例 5-5】　永禄公司大量生产 BYL-5 型产品，顺序经过三个生产步骤，分设三个生产车间进行加工。原材料在生产开始时一次性投入，其他费用陆续均衡发生，各步骤产品成本采用约当产量法计算，在产品完工程序均为 50%。2007 年 6 月，BYL-5 型产品的产量及费用资料如表 5-26 至表 5-28 所示。

表 5-26　　**产品产量**　　单位：件

项　目	月初在产品	本月投（转）入	本月完工	月末在产品
一车间	1 600	4 400	5 000	1 000
二车间	200	5 000	4 000	1 200
三车间	1 400	4 000	4 800	600

表 5-27　　月初在产品成本　　单位：元

项　目	直接材料	自制半成品	直接人工	制造费用	合　计
一车间	160 000	—	8 000	24 000	192 000
二车间	—	28 000	5 000	7 000	40 000
三车间	—	364 000	14 000	28 000	406 000

表 5-28　　本月发生生产费用　　单位：元

项　目	直接材料	自制半成品	直接人工	制造费用	合　计
一车间	440 000	—	47 000	141 000	628 000
二车间	—		225 000	315 000	540 000
三车间	—		88 000	176 000	264 000

根据上述资料，永禄公司产品成本计算过程如表 5-29 至表 5-31 所示。

表 5-29　　一车间产品成本计算单

时间：2007 年 6 月　　完工数量：5 000 件　　在产数量：1 000 件

产品名称：BYL-5 型 A 半成品　　金额单位：元

项　目	直接材料	直接人工	制造费用	合　计
月初在产品成本	160 000	8 000	24 000	192 000
本月生产费用	440 000	47 000	141 000	628 000
生产费用合计	6 000 000	550 000	165 000	820 000
约当总产量（件）	6 000	5 500	5 500	—
完工半成品成本	500 000	50 000	150 000	700 000
半成品单位成本	100	10	30	140
月末在产品成本	100 000	5 000	15 000	120 000

表 5-30　　二车间产品成本计算单

时间：2007 年 6 月　　完工数量：4 000 件　　在产数量：1 200 件

产品名称：BYL-5 型 B 半成品　　金额单位：元

项　目	自制半成品	直接人工	制造费用	合　计
月初在产品成本	28 000	5 000	7 000	40 000
本月生产费用	700 000	225 000	315 000	1 240 000
生产费用合计	728 000	230 000	322 000	1 280 000
约当总产量（件）	5 200	4 600	4 600	—
完工半成品成本	560 000	200 000	280 000	1 040 000
半成品单位成本	140	50	70	260
月末在产品成本	168 000	30 000	42 000	240 000

表 5-31　　三车间产品成本计算单

时间：2007 年 6 月　　完工数量：4 800 件　　在产数量：600 件

产品名称：BYL-5 型产品　　金额单位：元

项　目	自制半成品	直接人工	制造费用	合　计
月初在产品成本	364 000	14 000	28 000	406 000
本月生产费用	1 040 000	88 000	176 000	1 304 000
生产费用合计	1 204 000	102 000	204 000	1 710 000
约当总产量（件）	5 400	5 100	5 100	—
完工产品成本	1 248 000	96 000	192 000	1 536 000
产成品单位成本	260	20	40	320
月末在产品成本	156 000	6 000	12 000	174 000

本例为半成品成本不通过半成品库收发而直接转入下一步骤的成本计算，如果通过半成品库进行收发，则要根据发生材料的各种方法结转其成本。

（3）综合结转分步法下的成本还原

在综合结转分步法下，各生产步骤所计算出来的半成品或产成品的成本具有如下不足：① 不能提供按原始成本项目反映的成本资料。采用综合结转分步法各步骤所耗半成品成本是综合成本，以“直接材料”或“半成品”项目反映出来，其原始耗费应包括了料工费，所以这样计算出来的产品成本，没有对半成品成本按原始成本构成项目进行反映。② 不符合产品成本结构实际，扭曲了成本结构状况。因为在完工产品成本中，绝大部分是耗用上一步骤的半成品的费用，其他费用只是最后一个生产步骤发生的，在产品成本中所占的费用比重较少，不能从整个企业的角度来考核和分析产成品构成与水平。因此为了满足成本管理和需要，应将顺序算出的产成品成本进行成本还原。

所谓成本还原是指将产品成本中的半成品的综合成本，逐步分解还原为以原始成本项目反映的产品成本。成本还原的方法是倒序法，就是从最后步骤起，将产成品所耗上一步骤的半成品的综合成本按上一步骤所完工半成品的成本结构，逐步分解还原成规定的原始成本项目，然后将各步骤相同的成本项目数额相加，即求出按规定的原始成本项目反映的产品成本。进行成本还原时，可运用下面两种方式。

第一，按结构比重还原。即按上步骤各成本项目占全部成本的比重（成本的结构比率）进行成本还原的一种方式。采用这种方式，首先要确定各步骤完工产品的成本结构，然后从最后一个生产步骤开始，将产成品成本中的半成品综合成本乘以前一步骤该种半成品的各成本项目的比重，就可以把综合成本进行分解；如果成本计算在两步以上，还必须逐次将未还原的半成品成本，按上述方法依次还原，直至将半成品成本还原为原始成本项目为止。其计算公式为：

$$项目还原分配率=\frac{上步骤完工半成品成本项目金额}{上步骤完工半成品成本合计}$$

$$成本项目还原数=\begin{matrix}本月完工产品耗用上步骤半成品\\综合成本\times项目还原分配率\end{matrix}$$

成本还原过程与产品的生产过程相反，其还原过程如图 5-7 所示。

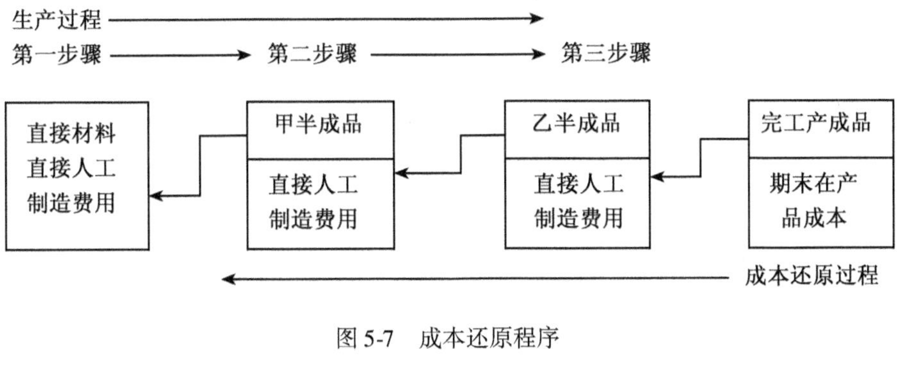

图 5-7　成本还原程序

【例 5-6】　接上例，永禄公司采用成本结构比重进行成本还原，其还原计算过程如表 5-32 所示。

表 5-32　**产品成本还原计算表（结构比重还原法）**

完工数量：4 800 件　　金额单位：元

项　目	自制半成品		直接材料	直接人工	制造费用	合计
	BYL-5B	BYL-5A				
还原前产成品成本	1 248 000			96 000	192 000	1 536 000
第二步半成品成本		560 000		200 000	280 000	1 040 000
二车间成本结构%		53. 85		19. 23	26. 92	100
第一次成本还原		672 048		239 990. 4	335 961. 6	1 248 000
第一步半成品成本			500 000	50 000	150 000	700 000
一车间成本结构%			71. 43	7. 14	21. 43	100
第二次成本还原			480 043. 89	47 984. 23	144 019. 87	672 048
还原后产成品成本			480 043. 89	383 974. 63	671 981. 49	1 536 000
还原后单位成本			100	80	140	320

表中，成本结构就是各项目的成本还原分配率。还原后产成品成本的各成本项目的成本金额为：

直接材料 = 0 + 0 + 480 043. 89 = 480 043. 89（元）

直接人工 = 96 000 + 239 990. 4 + 47 984. 23 = 383 974. 63（元）

制造费用 = 192 000 + 335 961. 6 + 144 019. 87 = 671 981. 49（元）

第二，按总额比例还原。即按耗用的上步骤半成品总成本占上步骤完工半成品总成本的比例进行成本还原的一种方式。其基本原理与第一种方式相同，即先确定产成品成本中半成品综合成本占上一步骤本期所产该种半成品总成本的比例，然后以此比例从最后一个生产步骤开始，分别乘以上一步骤本期所产该种半成品各个成本项目的成本核算。其计算公式为：

$$\text{成本还原分配率} = \frac{\text{本月本步骤产成品耗用上一步骤半成品合计}}{\text{本月上步骤所产该种半成品成本合计}}$$

$$\text{成本项目还原数} = \text{上一步骤本月所产该种半成品的项目成本} \times \text{成本还原分配率}$$

【例 5-7】　接【例 5-5】，如果永禄公司采用按总额比例进行成本还原，则计算过程如表 5-33 所示。

表 5-33　　　　**产品成本还原计算表（总额比例还原法）**

完工数量：4 800 件　　　　金额单位：元

项　目	成本还原率	自制半成品		直接材料	直接人工	制造费用	合计
		BYL-5B	BYL-5A				
还原前产成品成本		1 248 000			96 000	192 000	1 536 000
第二步半成品成本			560 000		200 000	280 000	1 040 000
第一次成本还原	1.2		672 000		240 000	336 000	1 248 000
第一步半成品成本	0.96			500 000	50 000	150 000	700 000
第二次成本还原				480 000	48 000	144 000	672 000
还原后产成品成本				480 000	384 000	672 000	1 536 000
还原后单位成本				100	80	140	320

表中，成本还原率的计算如下：

第一次成本还原率 = 1 248 000 ÷ 1 040 000 = 1.2

第二次成本还原率 = 672 000 ÷ 700 000 = 0.96

两种方式的关键是确定还原分配率，两种方法只是从不同侧面进行的成本还原，因而还原后的原始成本是没有区别的。

想一想

综合结转分步法下为什么要进行成本还原？两种成本还原方式的主要区别在哪里？

2. 分项结转

分项结转分步法是将各步骤所耗用的上一步骤半成品成本，按照成本项目分项转入各该步骤产品成本明细账的各个相应成本项目中的一种方法。如果半成品通过半成品库收发，半成品明细账也要分别成本项目进行登记。这种成本方法可以直接提供反映产品成本的原始结构的成本资料，明确产品成本的构成内容，但生产步骤较多时，转账手续比较繁琐，工作量大。

在分项结转分步法下，各步骤半成品的结转可以按照实际成本结转，也可按照计划成本结转后进行差异调整，但由于计划成本结转时各个成本项目进行成本差异调整的工作量大，因此分项结转分步法通常以实际成本结转。

【例 5-8】　接【例 5-5】，如果永禄公司改用分项逐步结转分步法进行成本计算，产量资料如前，费用资料见表5-34。

表5-34　　**月初在产品成本**　　单位：元

项目	月初及本月生产费用	直接材料	直接人工	制造费用	合　计
一车间	月初在产品成本	160 000	8 000	24 000	192 000
	本月生产费用	440 000	98 000	141 000	628 000
二车间	月初在产品成本	20 000	7 000	13 000	4 000
	本月生产费用	—	225 000	315 000	540 000
三车间	月初在产品成本	140 000	98 000	168 000	406 000
	本月生产费用	—	88 000	176 000	264 000

根据上述资料，永禄公司分项结转计算产品成本的过程如下：

一车间产品成本计算过程与前相同，可参见表5-29；二车间和三车间的产品成本计算过程如表5-35和表5-36所示。

表5-35　　**二车间产品成本计算单**

时间：2007年6月　　完工数量：4 000件　　在产数量：1 200件

产品名称：BYL-5型B半成品　　金额单位：元

项　　目	直接材料	直接人工	制造费用	合　　计
月初在产品成本	20 000	7 000	13 000	40 000
本月耗用上步骤成本	500 000	50 000	150 000	700 000
本月生产费用	—	225 000	315 000	540 000
生产费用合计	520 000	282 000	478 000	1 280 000
完工半成品成本	400 000	240 000	400 000	1 040 000
半成品单位成本	100	60	100	260
月末在产品成本	120 000	42 000	78 000	240 000

表中，完工半成品成本和月末在产品成本均由上期转来的成本和本月加工费用构成，上步骤转来的成本是上步骤发生的费用，其单位成本资料可通过上步骤成本计算单得到；本期加工费用是对本步骤一定数量（包括完工产品和在产品）的产品进行加工而发生的费用，本步骤完工的产品完成了在本步骤的全部加工，而月初和月末在产品均只完成了本步骤的部分加工，其单位成本

的计算必须考虑这些因素。表中有关项目的来源与计算如下：

（1）上车间转来的半成品的单位成本来源于第一车间的成本计算单，直接材料、直接人工和制造费用项目的单位成本分别为：100 元、10 元和 30 元。

（2）本车间本月发生费用的单位成本计算如下：

直接人工：225 000 ÷（4 000 + 1 200 × 50% − 200 × 50%）= 50（元/件）

制造费用：315 000 ÷（4 000 + 1 200 × 50% − 200 × 50%）= 70（元/件）

（3）完工半成品成本计算如下：

直接材料：4 000 × 100 = 400 000（元）

直接人工：4 000 ×（10 + 50）= 240 000（元）

制造费用：4 000 ×（30 + 70）= 400 000（元）

（4）完工半成品成本计算如下：

直接材料：1 200 × 100 = 120 000（元）

直接人工：1 200 × 10 + 1 200 × 50% × 50 = 42 000（元）

制造费用：1 200 × 30 + 1 200 × 50% × 70 = 78 000（元）

上表中的完工半成品成本与月末在产品成本的计算，也可以直接用约当产量法进行，但计算结果不准确。

表 5-36 中完工产品成本与月末在产品成本的计算方法与上述相同，不再说明。

表 5-36　　**三车间产品成本计算单**

时间：2007 年 6 月　　完工数量：4 800 件　　在产数量：600 件

产品名称：BYL-5 型产品　　金额单位：元

项　　目	直接材料	直接人工	制造费用	合　　计
月初在产品成本	140 000	98 000	168 000	406 000
本月耗用上步骤成本	400 000	240 000	400 000	1 040 000
本月生产费用	—	88 000	176 000	264 000
生产费用合计	540 000	426 000	744 000	1 710 000
完工产品成本	480 000	384 000	672 000	1 536 000
产成品单位成本	100	80	140	320
月末在产品成本	60 000	42 000	72 000	174 000

分项结转与综合结转作为逐步结转分步法下的两种方式，半成品成本核算都是随着实物的转移而结转的。分项结转与综合结转相比，还有以下特点：首先，分项结转是将半成品成本按成本项目（而不是作为整体），分别转入下步

骤相应的成本项目；其次，分项结转可以直接、正确地提供按原始成本项目反映的成本资料，不需要进行成本还原，便于从整个企业角度考核和分析产品成本计划的执行情况；第三，分项结转下各步骤各成本项目发生的生产费用合并反映，成本结转工作比较复杂，而且在各步骤完工产品成本中看不出所耗上一步骤半成品的费用和本步骤加工费用的水平，不便于进行完工产品成本分析。

(四) 逐步结转分步法综合分析

从上述逐步结转分步法成本计算程序和结转方式上，我们不难得出以下结论：

第一，逐步结转分步法能提供各生产步骤的半成品成本资料，全面反映各步骤对上步骤的半成品耗费水平和本步骤的加工费用水平，便于成本管理和控制。

第二，半成品成本结转与实物转移同步，能为半成品和在产品的实物管理与资金管理提供数据，便于资金与实物管理的结合。

第三，各生产步骤的成本计算不能同时进行，要等到上一步骤半成品成本计算结转后，后一步骤才能进行，且成本核算工作比较复杂，影响了成本计算的及时性。

三、平行结转分步法

(一) 平行结转分步法含义与适用范围

平行结转分步法是指各生产步骤不计算半成品成本，只计算本步骤发生的生产费用及其应计入产成品成本的“份额”，将各步骤的“份额”平行汇总，计算出产成品成本的一种方法。所谓“份额”就是指各生产步骤中的成本费用应计入完工产成品的成本数额。

在平行结转分步法下，各生产步骤不计算其所生产的半成品的成本，也不计算各步骤耗用的上一步骤转来的半成品的成本，只计算本步骤发生的直接材料、直接人工、制造费用以及这些费用中应计入产成品成本的“份额”，并将“份额”平行结转到产品的生产成本计算单中，汇总即成为产成品成本。这种方法主要适用于不计算半成品成本的大量大批装配式和连续式多步骤生产，或半成品种类多、外销少的企业。

(二) 平行结转分步法的成本计算程序

平行结转分步法的成本计算程序如图 5-8 所示。

在平行结转分步法下，产品成本的计算要点是：(1) 设置产品成本明细账：按产品分步骤设置，用来计算每种产品在各步骤的生产费用总额；(2) 归集生产费用：按步骤分产品进行，区分直接费用和间接费用；(3) 开设成本计算单进行期末成本处理：确定各生产步骤应计入完工产品成本的“份

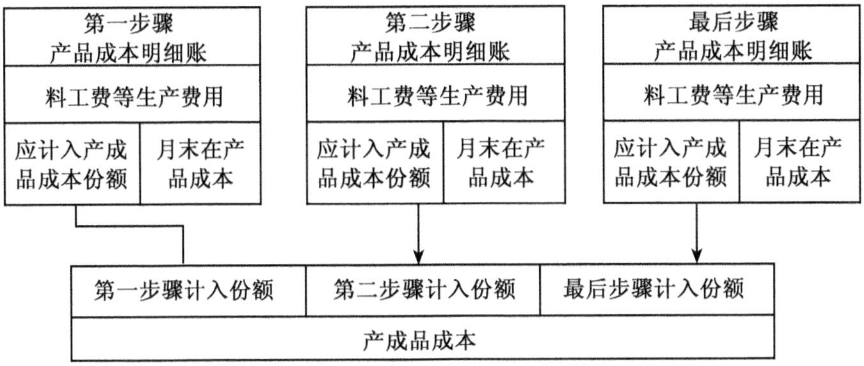

图 5-8　平行结转分步法的成本计算程序

额”；（4）计算完工产品成本：汇总各步骤计入完工产品成本的“份额”。

（三）平行结转分步法的特点

从成本计算的角度来看，平行结转分步法的特点表现在以下几个方面：

第一，成本计算对象为最终完工产品。各步骤不计算半成品成本，只计算本步骤所发生的生产费用。

第二，半成品的实物流转与成本结转相分离。各步骤之间只进行实物转移，不进行成本结转。

第三，期末成本分配在应计入产成品的“份额”与广义在产品间完成。应计入产成品的“份额”是各生产步骤计入完工产品成本的生产费用，各生产步骤计入的成本“份额”之和构成产成品总成本；广义在产品是本步骤加工中的在产品和本步骤已经加工完成但未形成最终产品的半成品。

想一想

逐步结转分步法与平行结转分步法在期末成本分配时，生产费用的合计数分别是在哪两者之间进行的？这么做的原因是什么？

（四）平行结转分步法运用举例

下面以连续式加工为例，对平行结转分步法进行说明，平行加工可依照处理。

【例 5-9】　永寿公司 2007 年 6 月份生产 A 产品，经过两个步骤连续加工制成，每一个步骤耗用前一个步骤 1 件半成品，所用原材料生产开始时一次投入，采用定额比例分配法计算完工产品与在产品成本。本月完工产品 2 000

件，有关定额及费用资料如表 5-37 和表 5-38 所示。

表 5-37 **产品定额**

项　目	原材料定额消耗量（千克）		定额生产工时（小时）	
	第一步骤	第二步骤	第一步骤	第二步骤
完工产品	20 000	—	22 000	4 000
在产品	5 000	—	8 000	1 000

表 5-38 **月初在产品成本与本期生产费用** 单位：元

项　目	费用资料	直接材料	直接人工	制造费用	合　计
第一步骤	月初在产品成本	78 000	14 400	4 800	97 200
	本月生产费用	252 000	93 600	60 000	405 600
第二步骤	月初在产品成本	—	14 400	9 600	24 000
	本月生产费用	—	87 600	74 400	162 000

根据上述资料，永寿公司 2007 年 6 月采用平行结转分步法计算成本过程如表 5-39、表 5-40 和表 5-41 所示。

表 5-39 **第一步骤产品成本计算单**

产品名称：A 产品　　时间：2007 年 6 月　　完工数量：2 000 件

单位：元

项　目	定额耗量	定额工时	直接材料	直接人工	制造费用	合　计
月初在产品成本			78 000	14 400	4 800	97 200
本月生产费用			252 000	93 600	60 000	405 600
生产费用合计			330 000	108 000	64 800	502 800
费用分配率			13.2	3.6	2.16	—
完工产品成本	20 000	22 000	264 000	79 200	47 520	390 720
月末在产品成本	5 000	8 000	66 000	28 800	17 280	112 080

表中，费用分配率即定额分配比例的计算如下：

直接材料：330 000 ÷（20 000 + 5 000）= 13.2

直接人工：108 000 ÷（22 000 + 8 000）= 3.6

制造费用：64 800 ÷（22 000 + 8 000）= 2.16

完工产品成本与月末在产品成本为其定额与费用分配率的乘积。

表 5-40 **第二步骤产品成本计算单**

产品名称：A 产品　　时间：2007 年 6 月　　完工数量：2 000 件

单位：元

项　　目	定额工时	直接材料	直接人工	制造费用	合　　计
月初在产品成本			14 400	9 600	24 000
本月生产费用			87 600	74 400	162 000
生产费用合计			102 000	84 000	186 000
费用分配率			20.4	16.8	—
完工产品成本	4 000		81 600	67 200	148 800
月末在产品成本	1 000		20 400	16 800	37 200

表 5-41 **产品成本计算汇总表**

产品名称：A06　　时间：2007 年 6 月　　完工产成品：2 000 件

金额单位：元

项　　目	直接材料	直接人工	制造费用	合　　计
第一步骤计入份额	264 000	79 200	47 520	390 720
第二步骤计入份额		81 600	67 200	148 800
产成品总成本	264 000	160 800	114 720	539 520
产成品单位成本	132	80.4	57.36	269.76

【例 5-10】 永寿公司 2007 年 6 月份大量生产 A06 产品，经过三个步骤连续加工制成，每一个步骤都耗用前一个步骤 2 件半成品，所用原材料生产开始时一次投入，采用约当产量法结转应计入产成品的成本“份额”，在产品完工程度均为 50%，有关产量与成本资料如表 5-42 和表 5-43 所示。

表 5-42 **产 品 产 量**　　单位：件

项　　目	月初在产品	本月投入	本月完工	月末在产品
第一步骤	80	1 120	1 000	200
第二步骤	200	500	600	100
第三步骤	160	300	300	160

表 5-43　　**月初在产品成本与本期生产费用**　　金额单位：元

项　目	费用资料	直接材料	直接人工	制造费用	合　计
第一步骤	月初在产品成本	118 680	34 800	27 840	181 320
	本月生产费用	1 661 520	487 200	389 760	2 538 480
第二步骤	月初在产品成本		15 785	34 650	50 435
	本月生产费用		78 925	173 250	252 175
第三步骤	月初在产品成本		25 200	12 040	37 240
	本月生产费用		75 600	36 120	111 720

根据上述资料，运用平行结转分步法计算 A06 产品成本的过程如表 5-44 至表 5-47 所示。

表 5-44　　**第一步骤产品成本计算单**

产品名称：A06　　时间：2007 年 6 月　　完工产成品：300 件　　金额单位：元

项　目	直接材料	直接人工	制造费用	合　计
月初在产品成本	118 680	34 800	27 840	181 320
本月生产费用	1 661 520	487 200	389 760	2 538 480
生产费用合计	1 780 200	522 000	417 600	2 719 800
约当产品总量	2 240	2 140	2 140	—
单位产品成本	794. 73	243. 93	195. 14	1 233. 8
应计入产成品成本份额	953 676	292 716	234 168	1 480 560
月末在产品成本	826 524	229 284	183 432	1 239 240

表中有关项目的计算如下：

（1）约当总产量的计算

直接材料项目：（300 + 160）×4 + 100 ×2 + 200 = 2 240（件）

直接人工项目：（300 + 160）×4 + 100 ×2 + 200 ×50% = 2 140（件）

制造费用项目计算同上。

（2）应计入产成品的成本份额的计算

直接材料：794. 73 ×300 ×4 = 953 676（元）

直接人工：243. 93 ×300 ×4 = 292 716（元）

制造费用：195. 14 ×300 ×4 = 234 168（元）

产品单位成本即费用分配率的计算是通过本月生产费用除以约当总产量得到；月末在产品成本的计算可以用本月生产费用合计扣除计入完工产成品成本份额后得到，也可以用广义在产品的约当产量乘以费用分配率得到。

表 5-45　　　　第二步骤产品成本计算单

产品名称：A06　　时间：2007 年 6 月　　完工产成品：300 件　金额单位：元

项　　目	直接材料	直接人工	制造费用	合　　计
月初在产品成本		15 785	34 650	50 435
本月生产费用		78 925	173 250	252 175
生产费用合计		94 710	207 900	302 610
约当产品总量	—	970	970	—
单位产品成本	—	97.64	214.33	311.97
应计入产成品成本份额		58 584	128 598	187 182
月末在产品成本		36 126	79 302	115 428

表中，约当总产量 =（300 + 160）×2 + 100 × 50% = 970（件）

其他各项目的计算同上。

表 5-46　　　　第三步骤产品成本计算单

产品名称：A06　　时间：2007 年 6 月　　完工产成品：300 件　金额单位：元

项　　目	直接材料	直接人工	制造费用	合　　计
月初在产品成本		25 200	12 040	37 240
本月生产费用		75 600	36 120	111 720
生产费用合计		100 800	48 160	148 960
约当产品总量	—	380	380	—
单位产品成本	—	265.26	126.74	392
应计入产成品成本份额		79 578	38 022	117 600
月末在产品成本		21 222	10 138	31 360

表中，约当总产量 = 300 + 160 × 50% = 380（件）

其他各项目的计算同上。

表5-47　　　　　　　　　　**产品成本计算汇总表**

产品名称：A06　　时间：2007年6月　　完工产成品：300件　金额单位：元

项　　目	直接材料	直接人工	制造费用	合　　计
第一步骤计入份额	953 676	292 716	234 168	1 480 560
第二步骤计入份额		58 584	128 598	187 182
第三步骤计入份额		79 578	38 022	117 600
产成品总成本	953 676	430 878	400 788	1 785 342
产成品单位成本	3 178.92	1 436.26	1 335.96	5 951.14

四、两种分步法的比较分析

逐步结转分步法与平行结转分步法相比，具有以下几个方面的不同：

（一）在产品含义不同

逐步结转分步法下，在产品是指狭义的在产品，即本步骤正在加工的在产品，客观存在的成本核算是按实物所在地反映的，有利于在产品资金的管理。平行结转分步法下，在产品是指广义的在产品，不仅包括正在本步骤加工的在产品，还包括本步骤加工完毕，但还没有最后成为产成品的所有半成品，其成本保留在本步骤的明细账上，是按成本发生地反映的。

（二）半成品成本处理方法不同

逐步结转分步法要计算各步骤的完工半成品成本，半成品成本随实物的转移而转移。平行结转分步法不计算各步骤半成品成本，半成品实物向下步骤转移但成本不随之结转，其成本直接转移到产品成本计算单中。

（三）产成品成本结转方式与计算方法不同

逐步结转分步法是按步骤依次计算成本，并按顺序依次结转半成品成本，最后步骤计算出产成品成本。平行结转分步法不需要计算半成品成本，只将各步骤产成品应负担的“份额”平行结转汇总，合并计算出产成品成本。

（四）成本计算的及时性不同

逐步结转分步法下，由于是按加工步骤顺序结转成本，一般要等到上一步骤成本计算完成后，才能计算下一步骤的成本，成本计算不够及时。平行结转分步法下，各步骤成本计算不存在联系，它们可以在同一时间进行成本计算并平等计入产成品成本，成本计算比较及时。

此外，两种分步法在“自制半成品”会计账户的设置与适用范围上也存在着差别，平行结转分步法下不需设“自制半成品”账户。

想一想

逐步结转与平行结转、综合结转与分项结转有何不同？

第六章　产品成本计算的辅助方法

【学习提示】　分类法与定额法是计算产品成本的两种辅助方法，采用分类法是为了简化产品成本的计算，采用定额法可配合和加强生产费用和产品成本的定额管理。通过本章的教学，使学生在理解产品成本计算分类法与定额法的特点和适用范围的基础上，掌握分类法下的成本计算程序和计算方法，并进一步掌握联产品、副产品和等级产品成本计算方法，掌握定额法下产品成本的计算方法。

第一节　分　类　法

一、分类法及其特点

（一）分类法特点

分类法是将不同品种、规格的产品按某种标准归类，以产品的类别作为成本计算对象，归集生产费用，计算各类完工产品总成本，再按一定的标准分配计算类内各种产品成本的一种成本计算方法。

分类法的特点主要表现在以下几个方面：

1. 成本计算对象

分类法以产品的类别作为成本计算对象，开设成本计算单，归集该类产品的生产费用。直接费用直接计入，各类产品共同耗用的费用，采用一定的分配标准分配计入。汇总计算出该类产品总成本。

2. 成本计算期

成本计算期由产品成本计算的基本方法决定。如果是大量大批生产，分类法结合品种法或分步法进行成本计算，则应定期在月末进行成本计算；如果与分批法结合运用，成本计算期可不固定，而与生产周期一致。

3. 生产费用在完工产品和在产品之间的分配

月末生产费用总额通常要在每类完工产品和在产品之间分配，同时对完工产品的成本还要在类内不同品种（或规格）产品之间，采用适当的方法进行分配。

4. 分类法不能独立使用

分类法并不是一种独立的基本成本计算方法，它要根据类内产品的生产工艺与组织特点，与品种法、分批法、分步法结合使用。

（二）分类法适用范围

1. 产品的品种或规格繁多并可以对产品进行合理分类的企业

分类法可以在各种类型的生产中采用，只要产品品种规格繁多，并可以按照一定的标准进行分类的企业均可采用。例如，照明企业不同类别和瓦数的灯泡生产，电子元件企业不同类别和规格的电子元件的生产等。

2. 生产联产品的企业

有些工业企业，在生产过程中对同一种原料进行加工，可以生产出几种主要产品。例如，炼油厂从原油中可以同时提炼出汽油、煤油和柴油等几种主要产品。各种联产品几乎是同时生产出来的，联产品所负担的生产费用一般需要用间接分配的方法计算确定，必须采用分类法计算各种产品的成本。

3. 生产副产品的企业

在主要产品的生产过程中，附带生产出的一些非主要产品，一般称为副产品，如在炼油过程中产生的渣油、石油焦。

4. 生产等级产品的企业

有些工业企业，特别是轻工企业，有时会生产出品种、结构、所用的原材料和工艺过程完全相同但质量不同的产品，这些产品称为等级产品。

5. 除主要产品外，还生产一些零星产品的企业

这些零星产品在生产工艺以及原材料的消耗上并不一定相近，但它们的品种、规格多，数量少，费用比重小，为了简化核算，这些零星产品也可以归为一类，用分类法计算成本。

二、分类法成本计算程序

分类法产品成本计算的基本程序可归纳如下：

（一）合理确定产品类别，按产品类别设立成本计算单

采用分类法计算产品成本时，首先要将产品按照性质、结构、用途、生产工艺过程、耗用原材料的不同标志，划分成若干类别。如制鞋厂可以按照耗用的不同原材料，将产品分为塑料鞋、布鞋、皮鞋等；轧钢厂可以根据产品的结构，将产品分为圆钢、钢板、角钢、钢管等。然后以产品类别作为成本计算对象设立成本计算单。

（二）计算各类完工产品的总成本

在开设的成本计算单内，按照规定的成本项目汇集生产费用，期末采用适当的方法在各类完工产品与月末在产品之间分配生产费用，计算各类完工产品

的总成本。

（三）计算类内各种产品成本

分类法的关键是如何分配类内各种产品的成本，也就是说采用什么标准来分配才能使分配合理，能够基本上反映出各种产品的实际耗费。在求出每类产品的总成本后，应选择合理的分配标准，在每一类产品的各种产品之间分配生产费用，计算每类产品内各种产品的总成本。同类产品内各种产品之间分配费用的标准，有定额消耗量、定额成本、销售价格，以及产品的体积、长度和重量等。分配标准的选择，应尽量选择与产品成本高低有密切因果关系的分配标准，以求分配结果既合理，又相对准确。

计算确定类内各种产品成本的方法通常有定额比例法和系数法两种。

1. 定额比例法

在一些定额管理基础较好，定额资料完整、准确、稳定的企业里，可按类内各种产品的定额成本或定额耗用量的比例分配计算各种产品的成本。其计算公式如下：

费用分配率＝该类产品该项费用总额÷类内各种产品该项费用的定额成本（或定额消耗量）之和

类内某种产品某项费用实际成本＝类内该产品该项费用的定额成本（或定额消耗量）×费用分配率

2. 系数分配法

系数分配法是将分配标准折算成相对固定的系数，按照系数比例来分配同类产品内各种（规格）产品的成本。

系数分配法的应用步骤是：首先，要在类内产品中选择一种产量大、生产稳定、规格适中的产品作为标准产品，把标准产品的单位系数定为“1”；其次，应将类内其他各种产品与标准产品比较，分别求出其他产品与标准产品的比例，即“系数”；再次，每一种产品的系数确定以后，将类内各种产品的实际产量，分别乘以该种产品的系数，折算为总系数，总系数又称为标准产量，它是系数分配法的分配标准；最后，根据分配标准，计算出费用分配率以后，即可计算出类内各种产品的实际总成本和单位成本。系数分配法的有关计算公式如下：

某产品的系数＝该产品售价（或定额消耗量、体积等）÷标准产品售价（或定额消耗量、体积等）

某产品总系数（标准产量）＝该产品实际产量×该产品系数

费用分配率＝该类产品应分配的费用总额÷各种产品总系数之和

某产品应分配费用＝该产品总系数×费用分配率

想一想

分类法的核心是什么？按类别归集生产费用并计算出一类产品成本后，是否需要按品种计算产品成本？

三、分类法举例

【例 6-1】 某企业为大量大批单步骤生产 A、B、C 三种型号的产品，所耗的原材料相同，工艺相近。为了简化成本核算工作，故将其归集为一类（甲类）计算，采用分类法计算产品成本。类内各种产品之间分配费用的标准为：原材料费用按各种产品原材料定额成本系数分配计算（以 B 产品为标准产品）；其他费用按定额工时比例分配。期初、期末在产品成本按年初固定数计算。甲类产品 8 月份有关产量、费用等资料如表 6-1、表 6-2 所示。

表 6-1 **甲类产品产量及定额记录**

产品名称	产量（件）	原材料单位定额成本（元）	工时定额（小时）
A	10 000	270	10
B	12 000	300	12
C	5 000	450	15

表 6-2 **甲类产品费用资料** 单位：元

摘要	直接材料	直接人工	制造费用	合计
月初在产品	40 000	3 000	5 000	48 000
本月发生费用	900 600	111 650	175 450	1 187 700
生产费用合计	940 600	114 650	180 450	1 235 700

其计算程序如下：

（1）按产品类别（甲类）开设产品成本明细账，如表 6-3 所示。

表 6-3　　　　产品成本明细账

产品名称：甲类　　　　2007 年 8 月　　　　单位：元

摘要	直接材料	直接人工	制造费用	合计
月初在产品成本	40 000	3 000	5 000	48 000
本月发生费用	900 600	111 650	175 450	1 187 700
生产费用合计	940 600	114 650	180 450	1 235 700
本月完工产品成本	900 600	111 650	175 450	1 187 700
期末在产品成本	40 000	3 000	5 000	48 000

（2）以 B 产品为标准产品，确定 A、B、C 三种产品的用料系数。编制产品用料系数计算表，如表 6-4 所示。

表 6-4　　　　原材料费用系数计算表

产品名称	原材料单位定额成本（元）	原材料费用系数
甲产品	270	270 ÷ 300 = 0.9
乙产品	300	1
丙产品	450	450 ÷ 300 = 1.5

（3）采用分类法计算 A、B、C 三种产品成本，并编制甲类产品成本计算表，如表 6-5 所示。

表 6-5　　　　甲类产品内各种产品成本计算表

项目	产量（件）	原材料费用系数	原材料费用总系数	定额工时系数	定额工时（6）	直接材料（7）	直接人工（8）	制造费用（9）	合计
（1）	（2）	（3）	（4）=（2）×（3）	（5）	=（2）×（5）	=（4）× 分配率	=（6）× 分配率	=（6）× 分配率	（10）
分配率						31.6	0.35	0.55	
A 产品	10 000	0.9	9 000	10	100 000	284 400	35 000	55 000	374 400
B 产品	12 000	1	12 000	12	144 000	379 200	50 400	79 200	508 800
C 产品	5 000	1.5	7 500	15	75 000	237 000	26 250	41 250	304 500
合计	27 000		28 500		319 000	900 600	111 650	175 450	1 187 700

各种费用分配率计算如下：

（1）原材料费用分配率 = 900 600 ÷ 28 500 = 31.6

（2）直接人工费用分配率 = 111 650 ÷ 319 000 = 0.35

(3) 制造费用分配率 = 175 450 ÷ 319 000 = 0.55

第二节 定 额 法

一、定额法及特点

定额成本法是企业为了及时地反映和监督生产费用和产品成本脱离定额的差异，加强定额管理和成本控制而采用的一种成本计算方法。在前面所讲的成本计算方法中，生产费用的日常核算，都是按照生产费用的实际发生额进行的，产品的成本也都是按照实际生产费用计算的实际成本。这样，生产费用和产品成本脱离定额的差异及其发生的原因，只有在月末时通过实际资料与定额资料的对比、分析，才能得到反映，而不能在费用发生的当时反映出来，因而不能很好地加强成本控制。定额成本法正是针对以上方法的不足所采用的一种成本计算辅助方法。

(一) 定额法的含义

产品成本计算的定额法是以产品的定额成本为基础，加减脱离定额差异和定额变动差异，进而计算产品实际成本的一种方法。它是成本计算中的辅助方法。

采用定额法计算产品成本其核算成本的原理是：产品的实际成本是由定额成本、脱离定额差异和定额变动差异三个因素组成的。计算产品实际成本的基本公式为：

产品实际成本 = 产品定额成本 + 脱离定额差异 + 材料成本差异 + 定额变动差异

1. 定额成本

定额成本是指根据企业现行材料消耗定额、工时定额、费用定额以及其他有关资料计算的一种成本控制目标。产品定额成本的制定过程也是对产品成本事前控制的过程。定额成本是计算产品实际成本的基础，也是企业对生产费用进行事中控制和事后分析的依据。

企业制定的定额成本和计划成本都是成本控制的目标，定额成本和计划成本的制定过程都是对产品成本进行事前控制的过程，但定额成本和计划成本有不同之处。

定额成本是根据企业现行消耗定额制定的，随着生产技术的进步和劳动生产力的提高，消耗定额必须不断修订，定额成本在年度内有可能因企业消耗定额的修订而变动；计划成本是根据企业计划期（通常为年度）内的平均消耗定额制定的，在计划期（年度）内，计划成本通常是不变的。同时，计划成本是企业计划年度内成本控制的目标，是考核和分析企业成本计划完成与否的依据；而定额成本是计算产品实际成本的基础，是生产费用日常（事中）控制的依据。

定额成本法通过定额可以加强对成本的管理，属于成本管理方法；但同时，定额成本法所计算的产品成本都是产品的制造成本，并且最终结果也都是产品的实际成本。因此，此方法所计算的存货价值和损益，可以作为计税和对外报告的依据，其性质也属于成本核算方法。

而计划成本法所计算的产品成本不能作为对外报告和计税的依据，其性质应该属于成本管理方法。

2. 脱离定额差异

脱离定额差异是指产品生产过程中各项实际发生的生产费用脱离现行定额的差异。脱离定额差异反映了企业各项生产费用支出的合理程度和执行现行定额的工作质量。从含义来看，脱离定额的差异应当包括材料成本差异。但在实际工作中，为了便于产品成本的分析和考核，一般单独计算产品成本应负担的材料成本差异。

3. 材料成本差异

材料成本差异也是产品生产费用脱离定额差异的一部分。因为采用定额法计算产品成本的企业，原材料的日常核算总是按计划成本计价来组织的，所以原材料项目的脱离定额差异，只指消耗数量的差异（量差），其金额为原材料消耗数量差异与其计划单位成本的乘积，不包括材料成本差异（价差）。因此，应当单独计算产品成本应负担的材料成本差异，其金额是该产品按计划单位成本和材料实际消耗量计算的材料总成本与材料成本差异率的乘积。

4. 定额变动差异

定额变动差异是指由于修订定额而产生的新旧定额之间的差异，它是定额自身变动的结果，与生产费用支出的节约与超支无关。企业年度内修订定额一般在月初进行，在有定额变动的月份，本月投入产品的定额成本是按新定额计算的，只有月初在产品的定额成本是按旧定额计算的。因此，定额变动差异是指月初在产品账面定额成本与按新定额计算的定额成本之间的差异。

（二）定额法的适用范围

定额法是为了加强成本管理，进行成本控制而采用的一种成本计算与管理相结合的方法。它不是成本计算的基本方法，与企业生产类型没有直接联系。定额法主要适用于定额管理制度比较健全，定额管理基础工作比较好，产品生产已经定型，各项消耗定额比较准确、稳定的企业。

（三）定额法的特点

定额成本法的特点是：（1）事前制定产品的消耗定额、费用定额和定额成本作为降低成本的目标；（2）在生产费用发生的当时，将符合定额的费用和发生的差异分别核算，加强对成本差异的日常核算、分析和控制；（3）月末在定额成本的基础上，加减各种成本差异，计算产品的实际成本，为成本的定期分析和考核提供数据。因此，定额成本法不仅是一种产品成本计算的方法，更重要的，它还是一种对产品成本进行直接控制、管理的方法。

二、定额成本的计算

采用定额法计算产品成本，应当根据企业现行消耗定额和费用定额，按照企业确定的成本项目，分产品品种（企业确定的成本核算对象）分别制定产品定额成本。定额成本制定后，要编制出各种产品的定额成本表。为了便于进行成本分析和考核，定额成本采用的成本项目和计算方法，应当与计划成本、实际成本采用的成本项目和计算方法一致。

产品的定额成本一般由企业的财会部门会同企业计划、技术、生产等部门共同制定。由于各个企业产品生产工艺过程不同，产品定额成本的计算程序也不尽相同。

如机械产品由其零件和部件组成。如果产品的零部件不多，一般先计算零件定额成本，然后再汇总计算部件和产成品的定额成本。如果产品的零部件较多，为了简化成本计算工作，也可以不计算零件定额成本，而根据所有零件原材料消耗定额、工序计划和工时消耗定额的零件定额卡，以及原材料计划单价、计划的工资率和其他费用率，计算部件定额成本，然后汇总计算产成品的定额成本。零部件较少时一般直接根据零部件的定额卡计算产成品定额成本，通常要编制产品消耗定额计算表。

【例 6-2】 海鑫工厂进行 A 产品的生产，当年 3 月，该厂投入 A 产品 300 件，月初在产品 25 件，月末完工 310 件，在产品 15 件。材料在生产时一次投入。其定额资料如表 6-6 所示。

表 6-6 **海鑫工厂产品消耗定额计算表**

产品名称：A 产品 金额单位：元

<table>
<tr><td>材料编号</td><td>计量单位</td><td>材料消耗定额</td><td colspan="2">计划单价</td><td>材料费用定额</td></tr>
<tr><td>C210</td><td>千克</td><td>90</td><td colspan="2">5</td><td>450</td></tr>
<tr><td rowspan="2">工时定额</td><td colspan="2">直接工资</td><td colspan="2">制造费用</td><td rowspan="2">产品定额成本合计</td></tr>
<tr><td>工资率</td><td>金额</td><td>费用率</td><td>金额</td></tr>
<tr><td>100</td><td>0. 6</td><td>60</td><td>0. 4</td><td>40</td><td>550</td></tr>
</table>

由表6-6得本月定额成本表如表6-7所示。

表6-7　　本月定额成本表

产品名称：A产品　　金额单位：元

成本项目	定额成本
直接材料	300×450=135 000
直接人工	300×60=18 000
制造费用	300×40=12 000
合计	165 000

想一想

定额法下，期末完工产品的成本由哪几部分组成？采用定额法计算产品成本应具备哪些条件？

三、定额差异的计算

（一）脱离定额差异的计算

在生产费用发生时，企业应将实际生产费用区分为符合定额的费用和脱离定额的差异，将符合定额的费用和脱离定额的差异分别计算，并予以汇总，作为计算产品实际成本的基础。

产品定额成本应当按照企业规定的成本项目制定，脱离定额的差异也应当按照成本项目分别核算。

1. 直接材料费用脱离定额差异的计算

直接材料费用脱离定额的差异包括材料耗用量差异（量差）和材料价格差异，这里只指材料耗用量差异（量差），即生产过程中产品实际耗用材料数量与其定额耗用量之间的差异。用公式表示为：

$$\text{直接材料费用脱离定额差异} = \sum[(\text{材料实际耗用量} - \text{材料定额耗用量}) \times \text{材料计划单价}]$$

在实际工作中，计算直接材料费用脱离定额差异，一般有限额领料单法、切割法和盘存法等。

（1）限额领料单法。又叫差异凭证法。为了控制材料领用，在采用定额成本法时，必须实行限额领料制度，符合定额的原材料应根据“限额领料单”等定额凭证领发。由于其他原因需要超额领料或者领用代用材料，应根据专设的“超额材料领料单”、“代用材料领料单”等差异凭证，经过一定的审批手续领发。办理退料手续，“退料单”也应视为差异凭证。“超额材料领料单”上的材料数额，属于材料脱离定额的超支差异；“退料单”中所列的原材料数额和“限额领料单”中的原材料余额，都是原材料脱离定额的节约差异。

（2）切割法。为了核算用料差异，更好地控制用料，对于经过切割才能使用的材料，例如板材料、棒材等，除了采用限额法以外，还应采用切割核算法，填制“材料切割核算单”计算材料脱离定额的差异，控制用料。

“材料切割核算单”应当按切割材料的批别开立，“材料切割核算单”中填列切割材料的种类、数量、消耗定额以及应切割的毛坯数量；切割完成后，再填写实际切割成的毛坯数量和材料的实际消耗量等。根据切割的毛坯数量和消耗定额，计算出材料的定额耗用量后，可以与实际耗用量相比较，确定脱离定额的差异。

（3）盘存法。盘存法是指通过定期盘存的方法来核算材料脱离定额差异。

盘存法核算材料脱离定额差异的顺序是：先根据“产品入库单”等凭证记录的完工产品数量和实地盘存确定的期初及期末在产品数量，计算出本期投产产品数量；再用本期投产产品数量乘以单位产品材料定额消耗量，计算出原材料定额消耗量；最后将材料实际消耗量与定额消耗量比较，计算出材料脱离定额的差异。这种方法一般适用于原材料在生产开始时一次投入的产品，有关计算公式如下：

$$\frac{\text{本期投产}}{\text{产品数量}}=\frac{\text{本期完工}}{\text{产品数量}}+\frac{\text{期末盘存在}}{\text{产品数量}}-\frac{\text{期初盘存在}}{\text{产品数量}}$$

$$\frac{\text{直接材料}}{\text{脱离定额差异}}=\left(\frac{\text{本期材料}}{\text{实际消耗量}}-\frac{\text{本期投产}}{\text{产品数量}}\times\frac{\text{单位产品}}{\text{材料消耗定额}}\right)\times\text{材料计划单价}$$

2. 直接人工脱离定额差异的计算

（1）在计件工资制下，生产工人工资属于直接计入费用，其脱离定额差异的计算与原材料脱离定额差异的计算相类似，符合定额的生产工人工资，应该反映在产量记录中；脱离定额的差异通常反映在专设的“工资补付单”等差异凭证中，主要指在计件单价之外支付的工资、津贴、补贴等。

（2）在计时工资制下，生产工人工资属于间接计入费用，其脱离定额的差异不能在平时按照产品直接计算，只有在月末实际生产工人工资总额和产品生产总工时确定以后，才能按照下列公式计算：

直接人工脱离定额的差异＝实际直接人工费用－定额直接人工费用

定额直接人工费用＝该产品实际完成的定额工时×计划小时工资率

实际直接人工费用＝该产品实际完成的生产工时×实际小时工资率

计划小时工资率＝计划产量的定额直接人工费用÷计划产量的定额生产工时

实际小时工资率＝实际直接人工费用总额÷实际生产总工时

3. 制造费用脱离定额差异的计算

制造费用是生产单位为生产产品和提供劳务所发生的间接费用，在日常核算中不能分产品（成本核算对象）进行计算。各种产品所应负担的定额制造费用和脱离定额的差异，只有在月末时才能按照上述计时工资的计算公式确定。

【例6-3】 已知［例6-2］的资料，海鑫工厂本次生产中发生直接材料为134 000元，直接工资18 200元，制造费用11 900元。计算各成本项目的定额成本，编制“本月定额成本和脱离定额成本差异汇总表”，如表6-8所示。

表6-8 **本月定额成本和脱离定额成本差异汇总表**

成本项目	定额成本	实际费用	脱离定额差异
直接材料	300×450＝135 000	134 000	－1 000
直接人工	300×60＝18 000	18 200	＋200
制造费用	300×40＝12 000	11 900	－100

（二）材料成本差异的计算

采用定额差异计算成本，为了便于产品的分析和考核，原材料的日常核算必须按计划成本进行。正因为如此，原材料的定额费用和脱离定额的差异都应按原材料的计划成本计算。在月末计算在产品的实际原材料费用时，还必须乘以原材料成本差异率，计算应该分配负担的原材料成本差异，即所耗原材料的价格差异（价差）。

$$\text{某产品应分配的材料成本差异额}=\left(\text{该产品材料定额成本}\pm\text{材料脱离定额差异}\right)\times\text{材料成本差异率}$$

【例6-4】 接前例，本月直接材料实际发生134 000元，材料成本差异率为－3%，计算A产品应负担的材料成本差异。

A产品应负担的材料成本差异＝134 000×（－3%）＝－4 020

（三）定额变动差异的计算

定额变动差异，是指由于修订定额或生产耗费的计划价格而产生的新旧定额之间的差额。为了将按旧定额计算的月初生产品的定额成本和按新定额计算的本月投入产品定额成本置于统一基础上，需要按新定额计算月初在产品的定额变动差异，用以调整月初在产品的定额成本。

月初在产品定额变动差异可以将月初在产品按修订后的定额计算的定额成本与修订前定额成本进行比较，计算出定额变动差异；也可根据变动前后单位产品的定额成本，计算一个定额变动系数，再据以确定月初在产品定额变动差异。

$$\text{定额变动系数}=\frac{\text{按新定额计算的单位产品定额费用}}{\text{按旧定额计算的单位产品定额费用}}$$

$$\text{月初在产品定额变动差异}=\text{按旧定额计算的月初在产品成本}\times（1-\text{定额变动系数}）$$

【例 6-5】 海鑫工厂月初在产品定额成本及脱离定额差异见表 6-9。

表 6-9 **月初在产品定额成本及脱离定额差异**

产品：A 产品　　20××年 3 月　　金额单位：元

成本项目	定额成本	脱离定额差异
直接材料	12 500	-800
直接人工	750	+50
制造费用	500	+40
合计	13 750	-710

海鑫工厂定额变动资料如下：该工厂由于工艺技术的改进，于该年 2 月对材料消耗定额进行修订，将材料消耗定额由 100 千克/件调整为 90 千克/件，其余各项消耗定额不变。计算 3 月初在产品定额变动差异。

$$\text{A 产品定额变动系数}=\frac{90\times 5}{100\times 5}=0.9$$

$$\text{月初在产品定额变动差异}=12\ 500\times（1-0.9）=1\ 250$$

四、定额法举例

在修订定额的月份，产品的实际成本应按下列公式计算：

$$\text{产品实际成本}=\text{按现行定额计算的产品定额成本}+\text{脱离现行定额差异}+\text{材料成本差异}+\text{月初在产品定额变动差异}$$

（一）登记本月发生的生产费用

根据本月实际发生的生产费用，将符合定额的费用和脱离定额的差异分别核算，编制有关会计分录，记入产品生产成本明细账中的相应项目。

【例 6-6】 根据本章［例 6-2］至［例 6-4］，编制有关会计分录，并记入海鑫工厂 A 产品生产成本明细账。［例 6-4］月初在产品定额调整不属于实际发生费用，可以直接记入 A 产品生产成本明细账相应栏内，不应编制会计分录。有关会计分录如下：

1. 结转产品生产领用材料计划成本

[例6-2]中(见表6-7)海鑫工厂A产品本月耗用材料计划成本为134 000元。

借　生产成本——A产品（定额成本）　　135 000

　　　　　　——A产品（脱离定额差异）　　[1 000]

　贷　原材料　　134 000

2. 分配工资

[例6-3] 中（见表6-8）海鑫工厂本月应付工资为18 200元。

借　生产成本——A产品（定额成本）　　18 000

　　　　　　——A产品（脱离定额差异）　　200

　贷　应付工资　　18 200

3. 分配并结转制造费用

[例6-3] 中（见表6-8）海鑫工厂本月实际制造费用为11 900元。

借　生产成本——A产品（定额成本）　　12 000

　　　　　　——A产品（脱离定额差异）　　[100]

　贷　制造费用　　11 900

4. 结转材料成本差异

[例6-4] 中海鑫工厂A产品应负担的材料成本差异为节约4 020元。

借　生产成本——A产品（材料成本差异）　　[4 020]

　贷　材料成本差异　　[4 020]

（二）分配脱离定额差异

在定额法下，成本的日常核算是将定额成本与各种成本差异分别核算的，因而完工产品与月末在产品的费用分配上，应按定额成本和各种成本差异分别进行。先计算完工产品和月末在产品的定额成本，然后分配计算完工产品和月末在产品的各种成本差异。

1. 计算脱离定额差异分配率（按成本项目计算）

$$直接材料脱离定额差异分配率=\frac{-800-1\ 000}{12\ 500-1\ 250+135\ 000}=-1.2\%$$

$$直接人工脱离定额差异分配率=\frac{50+200}{750+18\ 000}=1.3\%$$

$$制造费用脱离定额差异分配率=\frac{40-100}{500+12\ 000}=-0.48\%$$

2. 计算完工产品与月末在产品定额成本

(1) 完工产品定额成本

直接材料定额成本 = 310 × 450 = 139 500

直接人工定额成本 = 310 × 60 = 18 600

制造费用定额成本 = 310 × 40 = 12 400

（2）月末在产品定额成本

直接材料定额成本 = 12 500 + 135 000 − 1 250 − 139 500 = 6 750

直接人工定额成本 = 750 + 18 000 − 18 600 = 150

制造费用定额成本 = 500 + 12 000 − 12 400 = 100

3. 计算完工产品与在产品应分配的脱离定额差异

（1）完工产品应负担的脱离定额差异

完工产品应负担直接材料脱离定额差异 = 139 500 ×（−1.2%）= −1 674

完工产品应负担直接人工脱离定额差异 = 18 600 × 1.3% = 241.8

完工产品应负担制造费用脱离定额差异 = 12 400 ×（−0.48%）= −59.52

（2）在产品应负担的脱离定额差异

在产品应负担直接材料脱离定额差异 = −1 800 −（−1674）= −126

在产品应负担直接人工脱离定额差异 = 250 − 241.8 = 8.2

在产品应负担制造费用脱离定额差异 = −60 −（−59.52）= −0.48

4. 计算完工产品与在产品实际成本

做一做

根据上述资料,分成本项目计算并汇总完工产品与月末在产品的实际成本。

上述结果在 A 产品“产品成本计算单”中登记见表 6-10。

（三）结转完工产品实际成本

表 6-10 **产品成本计算单**

产品名称：A 产品产量：310 件 金额单位：元

成本项目		直接材料	直接人工	制造费用	合计
月初在产品	定额成本	12 500	750	500	13 750
	脱离定额差异	−800	+50	+40	−710
月初在产品定额变动	定额成本调整	−1 250			−1 250
	定额变动差异	+1 250			+1 250
本月发生生产费用	定额成本	135 000	18 000	12 000	165 000
	脱离定额差异	−1 000	+200	−100	−900
	材料成本差异	−4 020			−4 020

续表

成本项目		直接材料	直接人工	制造费用	合计
生产费用合计	定额成本	146 250	18 750	12 500	177 500
	脱离定额差异	－1 800	+250	－60	－1 610
	材料成本差异	－4 020			－4 020
	定额变动差异	+1 250			+1 250
差异分配率	脱离定额差异	－1.2%	+1.3%	－0.48%	
产成品成本	定额成本	139 500	18 600	12 400	170 500
	脱离定额差异	－1 674	241.8	－59.52	－1 491.72
	材料成本差异	－4 020			－4 020
	定额变动差异	+1 250			+1 250
	实际总成本	135 056	18 841.8	12 340.48	166 238.28
	实际单位成本	435.66	60.78	39.81	536.25
月末在产品	定额成本	6 750	150	100	7 000
	脱离定额差异	－126	8.2	－0.48	－118.28

根据成本计算结果，编制结转本月完工入库 A 产品成本的会计分录如下：

借　库存商品——A 产品　　66 238.28

　　贷　生产成本——A 产品（定额成本）　　170 500

　　　　　　　　——A 产品（脱离定额差异）　　1 491.72

　　　　　　　　——A 产品（材料成本差异）　　4 020

　　　　　　　　——A 产品（定额变动差异）　　1 250

第三节　联产品、副产品与等级品的成本计算

一、联产品的成本计算

前面我们已谈到，联产品是指使用同种原材料、经过同一加工过程而同时生产出来的、具有同等地位不同用途的主要产品。这些产品在经济上都有重要意义。如奶制品加工厂可以同时生产出牛奶、奶油等主要产品；炼焦厂在炼焦过程中同时生产出焦炭和煤气等。

企业在生产中投入相同的原材料，经过同一生产过程后，在某一“点”分离

各种联产品,通常称这一点为分离点。分离后的联产品,有的可以直接出售,有的必须进一步加工再出售。这们把这些分离前发生的成本通常称为联合成本或共同成本,而把进一步加工的成本称为可归属成本。联产品应负担的联合成本与可归属成本之和即为该联产品的成本。联产品成本构成如图 6-1 所示。

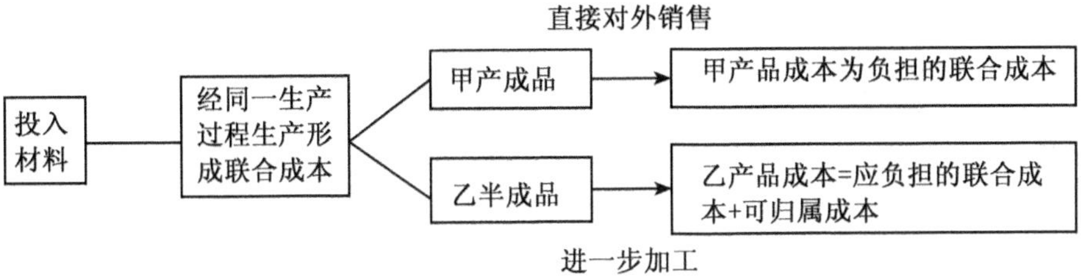

图 6-1　联产品成本构成图

由图 6-1 可知，联产品成本计算的关键是联合成本的分配。联合成本的分配方法常用的有系数分配法、实物量分配法、销售价值分配法和净实现价值分配法等。目前我国使用较多的是系数分配法。

系数分配法是将各种联产品的实际产量按事前规定的系数折算为相对生产量，然后将联产品的联合成本按各种联产品的相对产量比例来进行分配。

【例 6-7】　某企业本月甲类产品联合成本资料为：直接材料 1 440 元，直接人工 1 505 元，制造费用 4 730 元，合计 7 675 元。甲类产品包括 A、B、C 三种产品。类内产品成本采用系数分配法进行分配。A、B、C 三种产品的材料费用系数分别为 1.2、1、0.8；加工费用项目系数依据工时定额计算。A、B、C 三种产品的工时定额分别为 20 小时、40 小时、36 小时。本月 A、B、C 三种产品完工产量分别为 50 000 件、60 000 件、30 000 件。要求根据资料分配联合成本，计算各种产品的成本。

(1) 总系数计算，如表 6-11 所示。

表 6-11　　**总系数计算表**

产品	实际产量（件）	材料项目		加工项目		
		系数	总系数	工时定额	系数	总系数
A	50 000	1.2	60 000	20	0.5	25 000
B	60 000	1	60 000	40	1	60 000
C	30 000	0.8	24 000	36	0.9	27 000
合计			144 000			112 000

（2）产品成本计算，如表6-12所示。

表6-12　　**产品成本计算表**

产品	实际产量（件）	分配标准		总成本（元）				单位成本
		材料项目总系数	加工项目总系数	直接材料	直接人工	制造费用	合计	
A	50 000	60 000	25 000	600 000	336 000	1 056 000	1 992 000	39.84
B	60 000	60 000	60 000	600 000	806 000	2 534 000	3 940 000	65.67
C	30 000	24 000	27 000	240 000	363 000	1 140 000	1 743 000	58.1
合计		144 000	112 000	1 440 000	1 505 000	4 730 000	7 675 000	

表中，各种费用分配率计算如下：

材料费用分配率＝1 440 000÷144 000＝10（元/件）

工资费用分配率＝1 505 000÷112 000＝13.4375（元/件）

制造费用分配率＝4 370 000÷112 000＝42.2321（元/件）

二、副产品成本计算

有些企业在主要产品的生产过程中，还会附带生产出一些非主要产品，这些非主要产品一般称为副产品。炼油过程中产生的渣油、石油焦；肥皂生产中产生的甘油；炼铁企业生产中产生的高炉煤气等。副产品虽不是企业的主要产品，但也有经济价值并可对外销售，因而也应加强管理和核算。

副产品由于不是主要产品，为了简化成本计算工作，可以采用与分类法相类似的方法计算成本，即将副产品与主产品合为一类设立成本明细账，归集生产费用、计算成本，然后将副产品按照一定的方法计价，从主副产品总成本中扣除，以主副产品总成本扣除副产品成本以后的余额，作为主产品的实际总成本。

副产品的计价主要有两种方法：一是按照副产品的售价减去销售税金和销售利润以后的余额计价（若副产品与主产品分离以后如果需进一步加工，则还需加上进一步加工的可归属成本）；一是按照企业制定的副产品计划（或定额）成本计价。

采用上述方法计算确定的副产品成本，为简化计算，通常可以从主副产品总成本中的直接材料项目中扣除，以求得主产品的总成本。

【例6-8】　某企业在生产A产品的同时，附带生产出了丙副产品，丙副产品分离后需进一步加工才能出售。本月A产品及副产品共发生成本150 000

元，其中，直接材料占50%，直接人工占20%，制造费用占30%。丙副产品进一步加工发生直接人工费2 000元，制造费用2 500元。本月生产A产品2 500千克，丙副产品2 000千克。丙副产品单位售价为12元，单位税金和利润合计为2元。

则丙副产品应负担的联合成本=2 000×（12－2）－（2 000＋2 500）=20 000－4 500=15 500（元）

副产品成本计算单如表6-13所示。

表6-13　**副产品成本计算单**

产品：丙产品　　产量：2 000千克　　年　月　日　　金额单位：元

成本项目	分摊的联合成本	可归属成本	副产品总成本	副产品单位成本
直接材料	7 750	0	7 750	3.875
直接人工	3 100	2 000	5 100	2.55
制造费用	4 650	2 500	7 150	3.575
合计	15 500	4 500	20 000	10

表中，分摊的联合成本：

直接材料=15 500×50%=7 750（元）

直接人工=15 500×20%=3 100（元）

制造费用=15 500×30%=4 650（元）

A产品实际总成本=150 000－15 500=134 500（元）

A产品单位成本=134 500÷2 500=53.80元/千克

三、等级品的成本计算

等级品是指使用同种原料，经过相同加工过程生产出来的品种相同但质量不同的产品。前面所述的联产品、副产品则是指不同品种的产品。等级产品和废品是两个不同的概念。等级品是合格品，而废品是非合格品。

等级品的成本计算方法，需视等级产品造成的原因而定。等级品产生的原因一般有两种：一种原因是由于工人操作不慎、技术不熟练、生产管理不善等主观原因所致，对于这种原因形成的等级产品，其成本不应有别，即不同等级的产品应具有相同的成本，这样，等级低的产品由于售价低于等级高的产品而减少的利润，正好表明企业生产工作上的过失而引起的损失。另一种原因是由于材料质量不同，工艺技术上的要求不同或目前生产技术所限造成的。它往往以单位售价的比例定出系数，按系数比例来分配各等级产品应分摊的联合成本，其计算结果是售价高的产品负担较多的联合成本。

【例 6-9】 W 公司生产电子元件，本月共生产晶体管 100 000 只，因工人操作的原因，其中一等品 70 000 只，二等品 15 000 只，三等品 10 000 只，四等品 5 000 只。其售价为 50 元、40 元、30 元、20 元。本月联合成本为 1 000 000元。

因为工人操作的主观原因造成的等级品，不同等级的产品应具有相同的成本，即不同等级的晶体管的单位成本均是 10 元/只（1 000 000 ÷ 100 000）。

【例 6-10】 如果 W 公司是由于工艺技术不同产生的四个等级的产品，其他资料与上例相同，则成本计算如表 6-14 所示。

表 6-14 **等级产品成本计算表**

等级品	产量（只）	单位售价	系数	相对产量	比率	各产品成本	单位成本
一等品	70 000	50	1	70 000	77.78%	777 800	11.11
二等品	15 000	40	0.8	12 000	13.33%	133 300	8.89
三等品	10 000	30	0.6	6 000	6.67%	66 700	6.67
四等品	5 000	20	0.4	2 000	2.22%	22 200	4.44
合计	100 000	–	–	90 000	100%	1 000 000	–

想一想

通过学习，你认为联产品、副产品和等级品计算的关键问题是什么？

第七章 成本报表

【学习提示】 成本报表是企业的内部报表，成本报表的编制与分析是为企业管理当局提供预决策所需要的成本信息的工具。了解成本报表的基础知识，掌握成本报表的编制方法，理会成本分析的原理技巧，提供实用有效的成本数据，是本章学习的基本目标和主要内容。

第一节 成本报表概述

一、成本报表的概念与特点

成本报表是根据日常成本核算资料及其他有关资料编制的，反映企业一定时期内产品成本水平和费用支出情况，据以分析企业成本计划执行情况和结果的报告文件。正确、及时地编制成本报表是成本会计的一项重要内容。

成本报表与财务报表同属于会计报表体系。财务报表主要包括资产负债表、利润表、现金流量表、所有者权益变动状况表及有关附表、附注及财务情况说明书，它们构成提供企业财务状况和经营成果信息的对外报告体系；成本报表则主要为企业内部管理服务，属于内部报表，是企业的商业机密。因此，成本报表在编报的时间、格式与内容上，相对于财务报表而言有一定的灵活性。一般地说，产品生产成本表等主要成本报表定期按一定格式编报，而其他成本报表则由企业根据生产类型和管理上的具体要求来确定编报时间、格式与内容。成本报表的特点主要有：

（一）灵活性

成本费用报表是服务于企业内部经营管理目的的报表，可以根据企业对成本管理的要求灵活设置，并且不受外界因素的影响，因此成本费用报表的种类、格式、指标项目、编制时间、报送程序和范围都可根据企业需要自行规定，并随着生产条件的变化、管理要求的提高，随时进行修改和调整，具有较大的灵活性。

（二）多样性

成本费用报表是在企业特定的生产环境下，结合企业的生产特点和管理要求而编制的，不同企业的生产特点和成本管理要求不同，这就决定了不同企业编制的成本费用报表在种类、格式、指标项目以及指标计算口径上必然有所不同，因而呈现出多样性。

（三）综合性

成本费用报表要同时满足财会部门、各级生产技术总站和计划管理部门等对成本管理的需要，对这些职能部门而言不仅要求提供服务于事后分析的资料，还要求提供事前计划、事中控制所需要的大量信息。因此，成本费用报表不仅要设置货币指标，还需要设置反映成本消耗的多种形式的指标；不仅包括会计核算提供的指标，还包括统计核算、业务核算提供的指标，这些指标实质上是会计核算资料与技术经济资料的有机结合。由于成本费用报表提供的信息广泛，因此具有综合性的特点。

想一想

1. 根据企业会计准则《财务报表列报》的规定要求，企业对外提供的会计报表由哪些报表构成？

2. 为什么说成本报表为企业的内部会计报表？

二、成本报表的作用

编制成本报表是企业成本会计的一项重要内容，正确、及时地编报成本报表，对加强成本管理和节约费用支出具有重要作用，其作用主要体现在以下方面：

（一）评价和考核各成本环节成本管理的业绩

企业利用成本报表，可以了解企业成本管理现状和发展趋势，检查企业成本计划的执行情况，掌握成本结构的变化趋势等，考核企业各部门完成成本计划的进度和结果，考察企业成本管理工作绩效，借此对企业成本管理工作进行评价；同时还可以发现成本管理工作中存在的问题，以便采取措施加以解决。

（二）可利用成本资料进行成本分析

通过对成本报表提供资料的分析，可以揭示影响产品成本指标和费用项目变动的因素和原因，从生产技术、生产组织和经营管理等各个方面挖掘和动员节约费用支出和降低产品成本的潜力，提高企业生产耗费的经济效益。

（三）成本报表资料为制定成本计划提供依据

成本报表提供的实际产品（或经营业务）成本和费用支出的资料，不仅可以满足企业、车间和部门加强日常成本、费用管理的需要，而且是企业进行成本和利润的预测和决策、编制产品成本和各项费用计划、制定产品价格的重要依据。

三、成本报表的种类

（一）按报送对象分为对外成本报表和对内成本报表

成本报表属于内部报表，主要是为满足企业内部经营管理的需要而编制的，不对外公开。因此，成本报表的种类、格式、项目、指标的设计和编制方法、编报日期、具体报送对象，国家都不作统一规定，而由企业自行决定。企业的上级机构为了了解和指导本系统所属企业的成本管理工作，也可以要求企业将其成本报表作为会计报表的附表上报。在这种情况下，企业成本报表的种类、格式、项目和编制方法，也可以由企业的上级机构同企业共同商定。

（二）按反映的内容分为费用状况报表和成本状况报表

费用状况报表是反映一定时期内各类资产耗费状况的报表：如生产费用表、制造费用表、管理费用表等。通过它们可以了解到企业一定期间内费用支出及其构成，并可以了解费用支出的合理性，以及支出变动的趋势，这有利于企业和主管部门正确制定费用预算，控制费用支出，考核费用支出指标合理性，明确有关部门和人员的经济责任，防止随意扩大费用支出范围。成本状况报表则是反映一定生产经营对象成本状况的报表：如商品产品成本表、主要产品生产成本表、责任成本表、质量成本表等。这类报表侧重于揭示企业为生产一定种类和数量产品所花费的成本是否达到了预定的目标，通过分析比较，找出差距，明确薄弱环节，进一步采取有效措施，为挖掘降低成本的内部潜力提供有效的资料。

（三）按编报时间分为年报、季报、月报等

根据会计核算的一般原则和需要，会计部门除了定期编报全面反映成本计划（包括产品成本计划和各项费用计划）完成情况的报表外，为了加强成本的日常管理，对于成本耗费的主要指标也可以按旬、按周、按日甚至按班编报，及时提供给有关部门，促使其及时地、有针对性地采取措施，解决生产经营中的问题，发挥成本核算及时指导生产的作用。另外，为了将成本管理与技术管理相结合、分析成本升降的具体原因、寻求降低成本的途径和方法、简化报表的种类和编制方法，也可将成本会计指标、统计指标和技术经济指标结合起来，合并编制报表。为了加强成本工作的预见性，还可以在某一计划执行过程中，对未来的时期能否完成成本计划进行预计，向有关部门和人员编报分析报告，及时沟通成本信息，以保证成本计划的完成和超额完成。总之，企业应当从实际情况出发、从管理的要求出发来设计和编报成本报表。企业要注意报表内容的实用性，不拘于形式；要注意指标的简化，不搞繁琐计算，做到针对性强、正确、及时。

从制造企业的角度看，成本报表一般应当包括产品生产成本表、主要产品单位成本表、制造费用明细表、期间费用明细表、主要成本消耗指标和技术经济指标表以及成本计划预计完成情况表。企业还可以根据本身的生产特点和管理要求编制其他成本报表。由于成本报表主要是服务于企业内部经营管理目的的报表，因此没有固定的种类、格式和内容。企业本报表的设置，既要全面反映成本费用情况，又要满足企业内部管理的需要，同时还应适当简化。

四、成本报表的编制要求

作为内部报表的成本费用报表在编制时，除遵守会计报表编制的内容完整、指标实用、数字真实和编报及时等一般要求外，还应结合企业生产的特点和管理要求注意以下四个方面的问题。

（一）成本费用报表内容的专题性

成本费用报表的编制应具有专门性，作为满足企业内部生产经营管理需要的报表，其编制应考虑成本管理工作中各个方面的专门需要，进行有针对性的设计，提供专题性的成本信息资料。专题性强调的是成本费用报表的设置应适应成本管理中某一方面的需要，突出成本管理中的重点问题，对成本形成产生重大影响或费用发生集中的部门，应单独设置有关成本费用报表，以提供充分的成本信息，从而满足企业内部成本管理的需要。

（二）成本费用报表指标的实用性

成本费用报表的指标设置应以适应企业内部成本管理的需要为标准。成本指标既可按完全成本进行反映，也可按变动成本和固定成本来反映，还可以考虑将成本指标与生产工艺流程以及各项消耗定额对照，以便从最原始的资料入手，分析成本升降的原因，挖掘降低产品成本的潜力。

（三）成本费用报表格式的针对性

成本费用报表格式的设计，应能针对某一具体业务的特点及其存在的问题，重点突出，简明扼要，切忌表的格式复杂庞大，避免无用的繁琐计算。

（四）成本费用报表编报的及时性

为了反映成本计划和费用预算的执行情况，成本费用报表可以像财务报表一样定期按月、季、半年、年编制，以便为企业进行成本预测、编制成本计划提供必要的成本信息。在日常成本核算过程中，为了及时反馈成本信息和提示存在的问题，还需要以旬报、周报、日报甚至班报的形式编制不定期成本费用报表，从而使有关部门了解生产耗费的变化情况和发展趋势，并采取相应的措施改进工作，加强成本控制。

第二节 成本报表的编制

一、商品产品成本表的编制

(一) 商品生产成本表概述

1. 商品产品成本报表的意义

商品生产成本表是反映企业在报告期内生产全部产品（包括可比产品和不可比产品）的总成本以及各种主要产品的单位成本和总成本的报表。根据商品生产成本提供资料，企业管理者可以了解本期生产的所有商品产品的成本水平，明确成本计划的完成情况，并能利用该表分析可比产品成本降低任务的完成情况，考核全部产品和主要产品成本计划的执行结果。同时由于商品生产成本表能够综合反映一个企业商品产品的成本全貌，因此客观上还能为企业预测未来产品成本水平和制定合理的目标成本提供依据。

2. 商品产品成本报表的结构

商品生产成本表是企业成本报表体系中的主要报表，它由表首、基本部分和补充资料三部分内容构成。表首部分由报表名称、编制单位与日期、金额单位等构成；基本部分中将全部产品分为可比产品和不可比产品，列示其各种产品的单位成本、本月总成本、本年累计总成本；补充资料部分主要列示可比产品成本降低额和成本降低率等指标。

可比产品是指前年度正式生产过，具有较完备的成本资料的产品。不可比产品是指以前年度没有正式生产过，因而也没有完备的成本资料的产品，以及去年试制成功今年正式投产的产品。

商品生产成本表在可比产品的单位成本、本月总成本和本年累计总成本等项目中分别列出上年实际数、本年计划数、本月实际数和本年累计实际平均数等具体指标，以便于分析可比产品成本降低任务的完成情况。商品生产成本表对不可比产品的单位成本、本月总成本和本年累计总成本以及对全部产品生产总成本的项目，只列出本年计划数、本月实际数和本年累计实际平均数，以利于分析不可比产品、全部产品的生产成本计划执行情况。

商品生产成本表的格式和内容见表 7-1。

补充资料（本年累计实际数）：

（1）可比产品成本降低额为 308 000 元。

（2）可比产品成本降低率（本年计划降低率 8%）为 9.333%。

表 7-1　　　　　　　　　　　**商品生产成本表**

编制单位：　　　　　　　　　200×年 12 月　　　　　　　　　金额单位：元

产品名称	实际产量（件）		单位成本				本月总成本			本年累计总成本		
	本月	本年累计	上年实际平均	本年计划	本月实际	本年累计实际平均	按上年实际平均单位成本计算	按本年计划单位成本计算	本月实际	按上年实际平均单位成本计算	按本年计划单位成本计算	本年实际
	①	②	③	④	⑤=⑨÷①	⑥=⑫÷②	⑦=①×③	⑧=①×④	⑨	⑩=②×③	⑪=②×④	⑫
可比合计	-	-	-	-	-	227	300 000	275 000	269 500	3 300 000	3 025 000	2 992 000
其中：												
甲产品	2 000	22 000	100	90	88	89	200 000	180 000	176 000	2 200 000	1 980 000	1 958 000
乙产品	500	5 500	200	190	187	188	100 000	95 000	93 500	1 100 000	1 045 000	1 034 000
不可比合计			-	-	-	-		42 000	43 100	-	546 000	572 000
其中：												
丙产品	100	1 300	-	420	431	440	-	42 000	43 100	-	546 000	572 000
全部产品生产成本								317 000	312 600		3 571 000	3 564 000

（二）商品生产成本表的编制方法

商品生产成本表的编制依据主要是报告期的成本账簿资料（如有关产品的“产品成本明细账”、产品成本计算单等）、年度成本计划资料和上年本表有关项目等。

1. “产品名称”项目

“产品名称”项目应填列主要的“可比产品”与“不可比产品”的名称。

2. “实际产量”项目

“实际产量”项目应根据“产品成本明细账”的记录计算填列。

3. “单位成本”各项目

（1）“上年实际平均单位成本”项目：根据上年度本表所列各种可比产品的全年累计实际平均单位成本（上年度表第 6 栏）填列。

（2）“本年计划单位成本”项目：根据年度成本计划的有关资料填列。

(3)“本月实际单位成本”项目：根据有关产品成本明细账中的资料，按下述公式计算填列：

$$某产品本月实际单位成本=\frac{该产品本月实际总成本}{该产品本月实际产量}$$

(4)“本年累计实际平均单位成本”项目，根据有关产品成本明细账资料计算填列，计算方法为：

$$某产品本年累计实际平均单位成本=\frac{该产品本年累计实际总成本}{该产品累计实际产量}$$

4.“本月总成本”各项目

(1)“按上年实际平均单位成本计算”项目：本月实际产量与上年实际平均单位成本之乘积。

(2)“按本年计划单位成本计算”项目：本月实际产量与本年计划单位成本之乘积。

(3)“本月实际”项目：根据本月有关产品成本明细账的记录填列。

5.“本年累计总成本”各项目

(1)“按上年实际平均单位成本计算”项目：本年累计实际产量与上年实际平均单位成本之乘积。

(2)“按本年计划单位成本计算”项目：本年累计实际产量与本年计划单位成本之乘积。

(3)“本年实际”项目：根据有关的产品成本明细账资料填列。

商品生产成本表的补充资料部分有关项目的计算公式如下：

可比产品成本降低额=可比产品按上年实际平均单位成本计算的总成本－可比产品本年实际总成本

$$可比产品成本降低率=\frac{可比产品成本降低额}{可比产品按上年实际平均单位成本计算的总成本}$$

上述计算结果若为负数，表示可比产品成本的超支额和超支率。可比产品成本降低率的“本年计划数”，根据年度成本计划填列。

二、主要产品单位成本表的编制

(一)主要产品单位成本表的内容和结构

1. 主要商品产品成本表的意义

主要产品单位成本表是反映企业在报告期内生产的各种主要产品单位成本的构成情况和各项主要技术经济指标执行情况的报表。

主要产品单位成本表是对产品生产成本表的有关单位成本所作的进一步补充说明。根据该表，可以考核各种主要产品单位成本计划的执行结果，分析各成本项目和消耗定额的变化及其原因，分析成本构成的变化趋势等。总之，该表有助于分析成本变动的内在原因，挖掘降低成本的潜力。

2. 主要产品单位成本表的结构

主要产品单位成本表按产品品种分别设置，分为产量、单位成本和主要技术经济指标三部分。

产量部分主要包括产品名称、规格、计量单位、单位售价和各种产量资料。

单位成本部分分别按成本项目列示历史先进水平、上年实际平均、本年计划、本月实际和本年累计实际平均的单位成本，分别反映直接材料、直接人工和制造费用等主要成本项目的金额及合计数。

主要技术经济指标部分则分别列示主要材料和工时的历史先进水平、上年实际平均、本年计划、本月实际和本年累计实际平均的单位用量。

主要产品单位成本表的格式和内容见表7-2。

表 7-2 **主要产品单位成本表**

编制单位： 200×年 12 月 金额单位：元

产品名称	甲产品			本月计划产量						180	
规格				本月实际产量						200	
产量单位	台			本年计划产量						1 800	
销售单价	140			本年累计实际产量						2 200	
成本项目	历史先进水平			上年实际平均		本年计划		本月实际		本年累计实际平均	
	①			②		③		④		⑤	
直接材料		55		60		58		56		56	
直接人工		18		20		16		16		15	
制造费用		12		20		16		16		18	
合计		85		100		90		88		89	
技术经济指标	用量单位	单位用量	金额	单位用量	金额	单位用量	金额	单位用量	金额	单位用量	金额
1. A 材料	千克	15	3.0	16	2.5	15	2.4	14	2.5	15	2.4
2. B 材料	千克	10	1.0	10	2.0	11	2.0	10	2.1	10	2.0
3. 工时	小时	36	—	42	—	40		36		38	–

（二）主要产品单位成本表的编制方法

主要产品单位成本表的编制依据主要是有关产品的“产品成本明细账”资料、成本计划、历年有关成本资料、上年度本表有关资料及产品产量、材料和工时的消耗量等资料。

主要产品单位成本表应按主要产品分别编制。

主要产品单位成本表各项目的填列方法如下：

（1）“本月计划产量”和“本年计划产量”项目：分别根据本月和本年产品产量计划填列。

（2）“本月实际产量”和“本年累计实际产量”项目：根据统计提供的产品产量资料或产品入库单填列。

（3）“成本项目”各项目：按规定填列。

（4）“主要技术经济指标”项目：反映主要产品每一单位产量所消耗的主要原材料、燃料、工时等的数量，根据业务核算资料填列。

（5）“历史先进水平”栏各项目：反映本企业历史上该种产品成本最低年度的实际平均单位成本和实际单位用量，根据有关年份成本资料填列。

（6）“上年实际平均”栏各项目：反映上年实际平均单位成本和单位用量，根据上年度本表的“本年累计实际平均”单位成本和单位用量的资料填列。

（7）“本年计划”栏各项目：反映本年计划单位成本和单位用量，根据年度成本计划资料填列。

（8）“本月实际”栏各项目：反映本月实际单位成本和单位用量，根据本月产品成本明细账等有关资料填列。

（9）“本年累计实际平均”栏各项目：反映本年年初至本月月末该种产品的平均实际单位成本和单位用量，根据年初至本月月末的已完工产品成本明细账等有关资料，采用加权平均计算后填列。有关计算公式如下：

$$某产品实际平均单位成本=\frac{该产品累计总成本}{该产品累计产量}$$

$$某产品实际平均用量=\frac{该产品累计总用量}{该产品累计产量}$$

对本表中不可比产品，不填列“历史先进水平”、“上年实际平均”的单位成本和单位用量。本表中按成本项目反映的“上年实际平均”、“本年计划”、“本月实际”、“本年累计实际平均”的单位成本合计，应与产品生产成本表中的各该产品单位成本金额分别相等。

三、制造费用明细表的编制

（一）制造费用明细表及构成

制造费用明细表是反映企业在报告期内发生的各项制造费用情况的报表。根据制造费用明细表，可以了解报告期内制造费用的实际支出水平，可以考核制造费用计划的执行情况，可以判断制造费用的变化趋势，以便加强对制造费用的控制和管理等。

制造费用明细表的结构是按制造费用各项目列示“本年计划数”、“上年实际数”和“本年实际数”三项资料。制造费用明细表的结构和内容见表7-3。

表7-3 **制造费用明细表**

编制单位： 200×年12月 金额单位：元

项目	行次	本年计划数	上年实际数	本年实际数
工资	1	3 000	4 000	3 800
职工福利费	2	420	560	532
折旧费	3	1 750	1 700	1 700
修理费	4	3 500	2 000	3 600
租赁费	5	600	—	600
物料消耗	6	7 000	7 000	7 800
低值易耗品摊销	7	800	880	840
水电费	8	10 000	11 000	10 000
办公费	9	5 800	6 400	6 880
差旅费	10	1 500	1 800	2 200
运输费	11	3 000	3 000	3 100
保险费	12	1 400	1 300	1 500
劳动保护费	13	700	700	760
季节性修理期间的停工损失	14	2 000	—	2 300
其他	15	500	600	400
合计	20	41 970	40 940	46 012

（二）制造费用明细表的编制方法

（1）“本年计划数”栏各项目：根据本年制造费用预算填列。

（2）“上年实际数”栏各项目：根据上年度本表的“本年实际数”栏相应数字填列。如果表内所列费用项目与上年度的费用项目在名称和内容上不相一致的，应对上年度的各项数字按本年度表内项目的规定进行调整。

（3）“本年实际数”栏各项目：根据本年“制造费用明细账”中各费用项目本年累计的实际发生额填列。

想一想

全部商品产品成本表、主要产品单位成本表、制造费用明细表在结构上有什么不同？表内各栏目应如何填制？

第三节　成本报表的分析

成本分析是利用成本核算及相关资料，对成本水平及其构成情况进行评价，以提示影响成本升降的各种因素，寻求成本降低途径的一种管理活动。成本分析是成本会计的重要组成部分，是成本管理工作的重要环节，它包括事前分析、事中分析和事后分析三个方面，我们主要从事后的角度对主要商品产品、技术经济指标对单位成本的影响、降低成本的主要措施和成本效益等四大内容进行分析。

一、成本报表分析的主要方法

在进行成本分析中可供选择的技术方法（也称数量分析方法）很多，企业应根据分析的目的、分析对象的特点、掌握的资料等情况确定应采用哪种方法进行成本分析。成本分析的具体方法是完成成本分析目标的重要手段。通常采用的成本分析具体方法有：比较分析法、比率分析法、因素分析法、差额计算分析法等。

（一）比较分析法

比较分析法是把两个经济内容相同、时间或空间地点不同的经济指标相减从而进行分析的一种方法。比较分析法是日常分析工作中最常用的一种方法。

由于分析者的目的不同，对比的基数也有所不同。一般来说对比的基数有计划数（预算数）、定额数、以往年度同期实际数，以及本企业历史最好水平和国内国外同行业先进水平。

比较分析法是一种绝对数的比较分析，只适用于同类型企业、同质指标进行对比分析。采用对比分析法时，应注意进行对比的成本指标在经济内容、计算方法、计算期间和影响指标形成的客观条件等方面的可比性。如果相比的指标之间有不可比因素，应先按可比的口径进行调整，然后再进行对比。

【例 7-1】　北乐公司 200×年末进行成本分析时，编制的对比成本分析表如表 7-4 所示。

表 7-4 成本对比分析表

项目	成本计划	本年实际	差异额	差异率
A 产品	350 000	358 000	+8 000	2.29%
B 产品	750 000	734 000	-16 000	-2.13%
C 产品	430 000	420 000	-10 000	-2.33%
合计	1 530 000	1 512 000	-18 000	-1.18%

从表中我们可以看出，各种产品成本的升降情况是不一样的。A 产品超支，B、C 两种产品成本降低幅度较大。对于 A 产品应找出成本超支的原因，提出进一步降低成本的措施方案。

（二）比率分析法

比率分析法是通过计算有关指标之间的相对数即比率，进行分析评价的一种方法。比率分析法一般有以下三种形式：

1. 相关比率分析法

相关比率分析法是通过计算两个性质不完全相同而又相关的指标的比率进行分析的一种方法。通常计算的相关比率指标有：

产值成本率＝成本/产值×100%

销售收入成本率＝成本/销售收入×100%

成本利润率＝利润/成本×100%

存货周转率＝销售成本/存货平均占用额

2. 构成比率分析法

构成比率分析法是计算某项指标的各个组成部分占总体的比重，即部分与总体的比率，进行数量分析的一种方法。

直接材料费用占产品成本的比率＝直接材料费用/产品成本×100%

管理费用占期间费用的比率＝管理费用/期间费用总额×100%

3. 趋势比率分析法

趋势比率分析法是指对某项经济指标不同时期数值进行对比，求出比率，分析其增减速度和发展趋势的一种分析方法。由于计算时采用的基期数值不同，趋势比率又分为定基比率和环比比率两种形式。

定基比率＝比较期数值/固定基期数值×100%

环比比率＝比较期数值/前一期数值×100%

比率分析法的主要优点在于：通过比率计算，可以把某些不可比的企业变成可比的企业，便于外部或内部决策者选择投资方案时进行比较分析。但比率法也存在不足之处：（1）比率的数字只反映比值，不能说明其绝对额的变动；

(2) 比率分析法与比较分析法一样，无法说明指标变动的具体原因。成本分析的目标，一方面是发现问题，更重要的还是查明原因。

想一想

用本企业成本指标的实际数进行纵向比较，是静态对比还是动态对比？这样对比有什么作用？

(三) 因素分析法

因素分析法又称连环替代法，是将某一综合性指标分解为各个相互关联的因素，通过测定这些因素对综合性指标差异额的影响程度的一种分析方法。在成本分析中采用因素分析法，就是将构成成本的各种因素进行分解，测定各个因素变动对成本计划完成情况的影响程度，并据此对企业的成本计划执行情况进行评价，从而提出进一步的改进措施。采用因素分析法，大致要经过指标分解、依次替代、比较替代结果和综合影响金额等四个阶段，其具体程序如下：

(1) 将要分析的某项经济指标分解为若干个因素的乘积。在分解时应注意经济指标的组成因素应能够反映形成该项指标差异的内在构成原因，否则，计算的结果就不准确。如材料费用指标可分解为产品产量、单位消耗量与单价的乘积，但它不能分解为生产该产品的天数、每天用料量与产品产量的乘积，因为这种构成方式不能全面反映产品材料费用的构成情况。

(2) 计算经济指标的实际数与基期数（如计划数、上期数等），从而形成了两个指标体系。这两个指标的差额，即实际指标减基期指标的差额，就是所要分析的对象。各因素变动对所要分析的经济指标完成情况影响合计数，应与该分析对象相等。

(3) 确定各因素的替代顺序。在确定经济指标因素的组成时，其先后顺序就是分析时的替代顺序。在确定替代顺序时，应从各个因素相互依存的关系出发，使分析的结果有助于分清经济责任。替代的顺序一般是数量指标在前，质量指标在后；实物量指标在前，货币量指标在后；主要指标在前，次要指标在后。

(4) 计算替代指标。其方法是以基期数为基础，用实际指标体系中的各个因素，逐步顺序地替换。每次用实际数替换基期数指标中的一个因素，就可以计算出一个指标。每次替换后，实际数保留下来，有几个因素就替换几次，就可以得出几个指标。在替换时要注意替换顺序，应采取连环的方式，不能间断，否则，计算出来的各因素的影响程度之和，就不能与经济指标实际数与基期数的差异额（即分析对象）相等。

（5）计算各因素变动对经济指标的影响程度。其方法是将每次替代所得到的结果与这一因素替代前的结果进行比较，其差额就是这一因素变动对经济指标的影响程度。

（6）各因素的影响程度的代数和与指标变动的差异总额核对相符。将各因素变动对经济指标影响程度的数额相加，应与该项经济指标实际数与基期数的差额（即分析对象）相等。

上述因素分析法的计算过程可用以下公式表示：

设某项经济指标 N 是由 a、b、c 三个因素组成的。在分析时，若是用实际指标与计划指标进行对比，则计划指标与实际指标的计算公式如下：

计划指标 $N_0 = a_0 \times b_0 \times c_0$

实际指标 $N_1 = a_1 \times b_1 \times c_1$

分析对象为 $N_1 - N_0$ 的差额。

采用因素分析法测定各因素变动对指标 N 的影响程度时，各项计划指标、实际指标及替代指标的计算公式如下：

计划指标　$N_0 = a_0 \times b_0 \times c_0$ ……………………（1）

第一次替代 $N_2 = a_1 \times b_0 \times c_0$ ……………………（2）

第二次替代 $N_3 = a_1 \times b_1 \times c_0$ ……………………（3）

实际指标　$N_1 = a_1 \times b_1 \times c_1$ ……………………（4）

各因素变动对指标 N 的影响数额按下式计算：

由于 a 因素变动的影响 =（2）－（1）$= N_2 - N_0$

由于 b 因素变动的影响 =（3）－（2）$= N_3 - N_2$

由于 c 因素变动的影响 =（4）－（3）$= N_1 - N_3$

将上述三个项目相加，即为各因素变动对指标 N 的影响程度，它与分析对象应相等。

【例 7-2】　某企业生产甲产品，本月份相关资料见表 7-5。

表 7-5　**产量及其他有关资料**

项　　目	计划数	实际数
产品产量（件）	250	200
单位产品材料消耗量（公斤）	48	50
材料单价（元）	9	10
材料费用	108 000	100 000

分析对象 =1 000 000 − 108 000 = −8 000（元）

根据因素分析法的替代原则，材料费用三个因素的替代顺序为产量、单耗、单价。各因素变动对甲产品材料费用实际比计划降低 8 000 的测定结果如下：

计划材料费用 =250 ×48 ×9 =108 000（元） ……………… （1）

第一次替代 =200 ×48 ×9 =86 400（元） ………………… （2）

第二次替代 =200 ×50 ×9 =90 000（元） ………………… （3）

实际材料费用 =200 ×50 ×10 =100 000（元） …………… （4）

各因素变动对材料费用降低 8 000 元的影响程度如下：

由于产量变动的影响 = （2） － （1） =86 400 －108 000 = －21 600（元）

由于材料单耗变动的影响 = （3） － （2） =90 000 －86 400 =3 600（元）

由于材料单价变动的影响 = （4） － （3） =100 000 －90 000 =10 000（元）

三个因素变动对材料费用的影响程度 = －21 600 +3 600 +10 000 = －8 000（元）

连环替代法主要用于分析计算综合经济指标变动的原因及其各因素的影响程度。但该方法也有一定的局限性，在运用时应注意它的如下特点，即：（1）因素分解的正确性；（2）连环替代的顺序性；（3）替代因素的连环性；（4）计算结果的假设性。

想一想

确定替代顺序时，如果两个指标都是数量或质量指标，这时先替代哪个指标？

（四）*差额计算分析法*

差额计算分析法是利用各个因素的实际数与基期数的差额，直接计算各个因素变动对经济指标的影响程度。以上述经济指标 N 为例，采用差额计算法时的计算公式如下：

由于 a 因素变动对指标的影响 = $(a_1 - a_0) \times b_0 \times c_0$

由于 b 因素变动对指标的影响 = $a_1 \times (b_1 - b_0) \times c_0$

由于 c 因素变动对指标的影响 = $a_1 \times b_1 \times (c_1 - c_0)$

【例 7-3】 以例 7-2 材料费用的分析资料为基础，采用差额计算分析法的结果如下：

由于产量增加对材料费用的影响 = （200 －250） ×48 ×9 = －21 600（元）

由于材料单耗变动对材料费用的影响 = 200 × （50 − 48） × 9 = 3 600（元）

由于材料单价变动对材料费用的影响 = 200 × 50 × （10 − 9） = 10 000（元）

各因素变动对材料费用的影响 = −21 600 + 3 600 + 10 000 = −8 000（元）

两种方法的计算结果相同，但采用差额计算分析法显然要比连环替代分析法简化多了。

二、商品产品成本表的分析

（一）按产品类别分析

按产品类别分析是指按每种产品的成本所进行的分析。在按产品类别进行分析时，应计算如下几个指标：即全部商品产品成本降低额和降低率、可比产品成本和不可比产品成本降低额和降低率、每种产品成本的降低额和降低率。成本降低额和降低率的计算公式如下：

成本降低额 = 按实际产量计算的实际成本 − 按实际产量计算的计划成本

$$成本降低率 = \frac{成本降低额}{按实际产量计算的计划成本}$$

【例 7-4】 方达公司本年度生产三种产品，有关产量及成本资料如表 7-6 所示。

表 7-6 **产量及单位成本资料**

产品类别		实际产量（件）	计划单位成本（元）	实际单位成本（元）
可比产品	甲产品	100	2 000	1 900
	乙产品	120	2 500	2 450
不可比产品	丙产品	150	3 200	3 260

根据上述资料按产品类别分析计算企业全部商品产品成本计划完成情况的结果如下：

甲产品成本降低额 = 100 × 1 900 − 100 × 2 000 = −10 000（元）

甲产品成本降低率 = −10 000/（100 × 20 000） × 100% = −5%

做一做

根据表 7-6 的资料，计算乙和丙两种产品的成本降低额和降低率。

据此计算结果，可编成“全部商品产品成本计划完成情况表”，如表 7-7 所示。

表 7-7　　全部商品产品成本计划完成情况分析表

产品名称		总成本（元）		差　　异	
		按计划计算	按实际计算	降低额（元）	降低率
可比产品	甲产品	200 000	190 000	-10 000	-5%
	乙产品	300 000	294 000	-6 000	-2%
	合计	500 000	484 000	-16 000	-3.2%
不可比产品	丙产品	480 000	489 000	+9 000	+1.875%
合　　计		980 000	973 000	-7 000	-0.714%

（二）按成本项目分析

按成本项目分析是指将按成本项目反映的全部商品产品的实际总成本与按成本项目反映的实际产量计划总成本相比较，计算每个成本项目成本降低额和降低率对总成本的影响，其计算公式如下：

某成本项目实际成本比计划成本降低额 = 该成本项目实际成本 - 该成本项目按实际产量计算的计划成本

$$\text{某成本项目实际成本比计划成本降低率} = \frac{\text{该成本项目实际成本比计划成本降低额}}{\text{该成本项目按实际产量计算的计划成本}}$$

$$\text{某成本项目降低额对总成本的影响} = \frac{\text{该成本项目实际成本比计划成本降低额}}{\text{按实际产量计算的全部商品产品计划成本}}$$

【例 7-5】　某企业有关商品产品各成本项目资料如表 7-8 所示，要求根据表中资料按成本项目分析计算企业全部商品产品成本计划完成情况的结果。

表 7-8　　全部商品产品成本计划完成情况分析表

成本项目	全部商品产品成本（元）		差　　异		各成本项目降低额对总成本的影响
	计划	实际	降低额（元）	降低率	
直接材料	588 000	564 340	-23 660	-4.02%	-2.4143%
燃料及动力	98 000	87 570	-10 430	-10.64%	-1.0643%
直接工资	147 000	165 410	+18 410	+12.52%	+1.8786%
制造费用	147 000	155 680	+8 680	+5.90%	+0.8857%
合　计	980 000	973 000	-7 000	-0.714%	-0.7143%

表中数字计算过程如下：

直接材料项目实际成本比计划成本降低额 = 564 340 - 588 000
= -23 660（元）

直接材料项目实际成本比计划成本降低率 = -23 660/588 000 × 100%
= -4.02%

直接材料项目降低额对总成本的影响 = -23 660/980 000 × 100%
= -2.4143%

做一做

根据表 7-8 的资料，计算其他三个成本项目的成本降低额、降低率及对总成本的影响程度。

（三）可比产品成本降低任务完成情况的分析

所谓可比产品是指企业过去生产过并且有着完整的成本资料的产品。计算可比产品成本降低任务的完成情况，可以检查企业成本降低工作的成绩。由于产品具有可比性，因而，考核其成本降低情况具有重要的参考价值。可比产品成本分析包括可比产品成本降低任务的完成情况和变动的原因两个方面。可比产品成本降低任务完成情况分析所需各项指标的计算公式为：

可比产品成本实际降低额 = $\sum$ 实际产量 ×（上年实际单位成本 - 本年实际单位成本）
= 实际产量按上年实际单位成本计算的总成本 - 实际产量按本年实际单位成本计算的总成本

可比产品成本计划降低额 = $\sum$ 计划产量 ×（上年实际单位成本 - 本年计划单位成本）
= 计划产量按上年实际单位成本计算总成本 - 计划产量按本年计划单位成本计算的总成本

$$\text{可比产品成本实际降低率} = \frac{\text{可比产品成本实际降低额}}{\text{实际产量按上年实际单位成本计算的总成本}}$$

$$\text{可比产品成本计划降低率} = \frac{\text{可比产品成本计划降低额}}{\text{计划产量按上年实际单位成本计算的总成本}}$$

分析对象：降低额 = 可比产品成本实际降低额 - 可比产品成本计划降低额
降低率 = 可比产品成本实际降低率 - 可比产品成本计划降低率

各因素变动对可比产品成本降低任务完成情况的影响，主要有产品单位成本、产品品种构成、产品产量等。

1. 产品单位成本变动的影响

在计算可比产品成本计划降低额时，是根据本年计划单位成本和上年实际单位成本进行比较计算的；可比产品成本实际降低额，则是根据本年实际单位成本和上年实际单位成本进行计算的。这样，当本年实际单位成本发生变动时，必然会引起可比产品成本降低额和降低率的变动。

2. 产品品种构成变动的影响

品种构成是指各种产品数量在全部产品数量总和中所占的比重，由于各种产品的实物数量不能简单相加，所以在进行可比产品成本分析时，一般是用某产品的成本占全部产品成本的比重作为产品品种构成进行分析，其计算公式如下：

$$\text{某产品的品种构成}=\frac{\text{某产品的产量}\times\text{该产品上年（计划或实际）单位成本}}{\text{每产品产量}\times\text{该产品上年（计划或实际）单位成本}}$$

当企业生产两种以上产品时，若各种产品的实际产量与计划产量不是同比例地增减，则会引起品种构成的变动。在企业生产的多种产品中，每种产品成本降低幅度是不一样的，有的还可能超支。若企业增加成本降低幅度大的产品的生产比重，或降低成本降低幅度小的产品的生产比重，则可比产品平均降低率和降低额就会比原来的提高。反之，成本降低率和降低额就会下降。所以，产品品种构成的变动，同时影响成本降低额和成本降低率。

3. 产品产量变动的影响

在计算可比产品成本降低任务时，是用可比产品的计划产量，分别乘上该产品上年实际单位成本和计划单位成本的差额计算的；实际完成情况，则是根据可比产品实际产量分别乘上该产品上年实际单位成本与本年实际单位成本的差额计算的。从这一计算过程可以看出，当产品的品种构成和单位成本不变时，产品产量的变动会引起成本降低额发生同比例的变动，但不影响成本降低率的变动。所以，单纯产量的变动，仅影响成本降低额，不影响成本降低率的变动。

【例 7-6】 顺达公司本年度生产甲、乙、丙三种产品，有关资料如表 7-9 所示。

表 7-9 **产品产量及单位成本资料**

产品名称	产量（件）		单位成本（元）		
	计划	实际	上年实际	本年计划	本年实际
甲产品	100	120	1 200	1 150	1 100
乙产品	150	200	850	830	810
丙产品	200	210	630	615	610

根据上述资料，对可比产品成本降低任务完成情况进行分析的结果如下：

（1）可比产品成本计划降低任务的计算结果如表7-10所示。

表7-10 **可比产品成本计划降低任务**

可比产品	计划产量	单位成本		总成本		降低任务	
		上年	计划	上年	计划	降低额	降低率
甲	100	1 200	1 150	120 000	115 000	500	4.17%
乙	150	850	830	127 500	124 500	3 000	2.35%
丙	200	630	615	126 000	123 000	3 000	2.38%
合计	–	–	–	373 500	362 500	11 000	2.945%

（2）可比产品成本实际完成情况如表7-11所示。

表7-11 **可比产品成本实际完成情况**

可比产品	实际产量	单位成本			总成本			完成情况	
		上年	计划	实际	上年	计划	实际	降低额	降低率
甲	120	1 200	1 150	1 100	144 000	138 000	132 000	12 000	8.333%
乙	200	850	830	810	170 000	166 000	162 000	8 000	4.706%
丙	210	630	615	610	132 300	129 150	128 100	4 200	3.175%
合计	–	–	–	–	446 300	433 150	422 100	24 200	5.422%

根据上述资料，可计算出分析的对象：

降低额＝24 200－11 000＝13 200（元）

降低率＝5.422%－2.945%＝2.477%

（3）可比产品成本降低任务完成情况采用因素分析法的计算过程如表7-12所示。

表7-12 **可比产品成本降低任务完成情况分析表**

影响因素				计算方法	
顺序	产量	品种构成	单位成本	降低额	降低率
（1）	计划	计划	计划	计划降低额11 000元	计划降低率2.945%

续表

影响因素				计算方法	
顺序	产量	品种构成	单位成本	降低额	降低率
(2)	实际	计划	计划	实际产量的上年总成本×计划降低率 446 300×2.945%＝13 144(元)	计划降低率2.945%
(3)	实际	实际	计划	实际产量的上年总成本×实际产量的计划总成本 446 300－433 150＝13 150(元)	本步骤的降低额/实际产量的上年总成本×100% ＝13 150/446 300×100% ＝2.946%
(4)	实际	实际	实际	实际降低额24 200元	实际降低率5.422%
各因素的影响： (2)－(1)产量因素的影响 (3)－(2)品种构成因素影响 (4)－(3)单位成本因素影响				13 144－11 000＝2 144(元) 13 150－13 144＝6(元) 24 200－13 150＝11 050(元)	2.946%－2.945%＝0.001% 5.422%－2.946%＝2.476%
合　　计				13 200元	2.477

三、主要产品单位成本表的分析

对全部商品产品成本计划完成情况进行总括分析后，还应对主要产品的单位成本进行具体的分析，从而确定成本升降的原因，提出进一步改进的措施。产品单位成本分析一般是先将产品单位成本的实际数与计划等指标进行比较，计算其差异额和差异率，然后在此基础上，分析各主要成本项目产生差异的原因。

1. 直接材料项目的分析

单位材料费用受材料消耗数量和材料价格两个因素的影响，其计算公式如下：

单位产品材料费用＝单位产品材料消耗量×材料单价

各因素变动对材料费用影响的计算公式如下：

材料耗用量变动对单位成本的影响

＝∑［（材料实际单位耗用量－材料计划单位耗用量）×材料计划单价］

材料价格变动对单位成本的影响

=Σ［（材料实际单价－材料计划单价）×材料实际单位耗用量］

【例7-7】 某企业生产甲产品，材料项目的有关资料如表7-13所示。

表7-13 **材料项目的有关资料**

材料名称	计量单位	单位耗用量		材料单价（元）		材料成本（元）		差异
		计划	实际	计划	实际	计划	实际	
A	公斤	120	125	62	65	7 440	8 125	+685
B	公斤	80	75	30	28	2 400	2 100	-300
C	公斤	60	62	42	46	2 520	2 852	+332
合计	—	—		—		12 360	13 077	+717

材料耗用量变动对单位成本的影响

=（125－120）×62+（75－80）×30+（62－60）×42

=310－150+84=+244（元）

材料价格变动对单位成本的影响

=（65－62）×125+（28－30）×75+（46－42）×62

=375－150+248=+473（元）

各种因素变动对直接材料费用的影响=244+473=717（元）

在纺织、冶金、化工等企业，产品生产过程中使用多种原材料，这时，需根据产品的特点、工艺规程的要求，将各种材料按一定的比例配料投入使用。每种材料消耗量占材料总消耗量的比例，称为材料配比。在各种材料单价不同的情况下，改变材料的配比，也会影响产品的单位成本。这时，材料项目的分析，就受材料耗用量、价格和材料配比三个因素的影响。其具体计算公式如下：

$$\text{单位产品材料消耗总量变动对单位成本的影响}=\left(\text{单位产品材料实际总耗用量}-\text{单位产品材料计划总消耗量}\right)\times\text{计划配比的材料平均计划单价}$$

$$\text{材料配比变动对单位成本的影响}=\left(\text{实际配比的材料平均计划单价}-\text{计划配比的材料平均计划单价}\right)\times\text{单位产品材料实际总消耗量}$$

$$\text{材料价格变动对单位成本的影响}=\sum\left[\left(\text{材料实际单价}-\text{材料计划单价}\right)\times\text{材料实际单位耗用量}\right]$$

$$\text{计划配比的材料平均计划单价}=\frac{\sum\left(\text{各种材料计划消耗量}\times\text{材料的计划单价}\right)}{\text{材料计划总消耗量}}$$

$$\text{实际配比的材料平均计划单价}=\frac{\sum\left(\text{各种材料实际消耗量}\times\text{材料的计划单价}\right)}{\text{材料实际总消耗量}}$$

【例 7-8】 某企业生产甲产品，材料项目的有关资料如表 7-14 所示。

表 7-14　　**材料项目有关资料表**

材料名称	计划				实际				差异（元）
	耗用量（千克）	配比	单价（元）	成本（元）	耗用量（千克）	配比	单价（元）	成本（元）	
A	320	40%	100	32 000	294	37%	102	29 988	-2 012
B	200	25%	80	16 000	210	26%	81	17 010	+1 010
C	120	15%	60	7 200	168	21%	55	9 240	+2 040
D	160	20%	40	6 400	126	16%	35	4 410	-1 990
合计	800	100%	—	61 600	798	100%	—	60 648	-952

分析对象：60 648 - 61 600 = -952（元）

计划配比的材料平均计划单价 = 61 600/800 = 77（元）

实际配比的材料平均计划单价

= (294 × 100 + 210 × 80 + 168 × 60 + 126 × 40)/798

= 76.842（元）

单位产品材料消耗总量变动对单位成本的影响

=（798 - 800）× 77 = -154（元）

材料配比变动对单位成本的影响 =（76.842 - 77）× 798 = -126（元）

材料价格变动对单位成本的影响

= (102 - 100）× 294 +（81 - 80）× 210 +（55 - 60）× 168 +（35 - 40）× 126

= -672（元）

各因素变动对单位成本影响的金额 = -154 - 126 - 672 = -952（元）

2. 直接人工成本项目的分析

分析产品单位成本中直接人工成本的变化应结合具体的工资制度和工资费用计入产品成本的具体方法来进行。在计件工资制度下，由于单位产品成本中规定有计件单价（定额内），因此只要计价单价不变，单位产品成本中的工资费用也不会发生变化。在计时工资制度下，若企业只生产一种产品，则影响单位成本工资费用高低的因素不外乎生产工人工资总额和产品产量两个因素；若企业生产多种产品，单位产品成本中包含的工资费用是按工时比例分配计入产品成本的，产品单位成本中工资费用的多少取决于生产单位产品的工时消耗和工资分配率两个因素的变动情况。

单位产品直接人工费用受单位产品工时消耗量和工资分配率两个因素的影响，其计算公式如下：

单位产品直接人工费用 = 单位产品工时消耗量 × 工资分配率

各因素变动对直接人工费用影响的计算公式如下：

单位产品工时消耗量变动对单位成本的影响

=（实际单位产品工时耗用量 − 计划单位产品工时耗用量）×计划工资分配率

工资分配率变动对单位成本的影响

=（实际工资分配率 − 计划工资分配率）×实际单位产品工时消耗量

【例 7-9】 某企业生产甲产品，单位产品人工费用项目的有关资料如表 7-15 所示。

表 7-15 **单位产品人工费用项目有关资料表**

项目	消耗量（工时）		工资分配率（元/小时）		直接人工成本（元）		
	计划	实际	计划	实际	计划	实际	差异
甲产品	50	40	2	2.375	100	95	−5

分析对象：95 − 100 = −5（元）

单位产品工时消耗量变动对单位成本的影响

=（40 − 50）×2 = −20（元）

工资分配率变动对单位成本的影响

=（2.375 − 2）×40 = 15（元）

各因素变动对单位成本影响的金额 = −20 + 15 = −5（元）

想一想

既想提高企业员工薪酬，又不想提高单位产品的工资成本，有这种两全的方法吗？

3. 制造费用成本项目的分析

影响制造费用实际脱离计划的原因，主要是工时消耗和制造费用分配率。

单位产品制造费用受单位产品工时消耗量和制造费用分配率两个因素的影响，其计算公式如下：

单位产品制造费用 = 单位产品工时消耗量 × 制造费用分配率

各因素变动对制造费用影响的计算公式如下：

单位产品工时消耗量变动对单位成本的影响

=（实际单位产品工时耗用量 – 计划单位产品工时耗用量） × 计划分配率

制造费用分配率变动对单位成本的影响

=（实际制造费用分配率 – 计划制造费用分配率） × 实际单位产品工时消耗量

【例 7-10】 某企业生产甲产品，单位产品制造费用的有关资料如表 7-16 所示。

表 7-16 **单位产品制造费用项目有关资料表**

项目	消耗量（工时）		费用分配率（元/小时）		制造费用（元）		
	计划	实际	计划	实际	计划	实际	差异
甲产品	50	40	1.76	2.35	88	94	6

分析对象：94 – 88 = 6（元）

做一做

根据表 7-16 的资料，计算并分析单位产品工时消耗量和制造费用分配率两个因素对单位成本的影响，说明单位成本实际超过计划 6 元是如何形成的。

第八章　其他行业的成本计算

【学习提示】　不同行业生产经营方式和范围的差别，带来成本管理和核算上的差异。通过学习，对商品流通、交通运输、建筑安装、房地产开发和旅游餐饮等行业的成本形成初步的认识，了解其成本处理的特点，明确其成本项目的构成，熟悉其成本核算的账户，掌握其成本分配的方法，是本次学习的基本任务。

第一节　流通企业的成本核算

一、流通企业成本核算概述

商品流通企业是指从事商品流通的独立核算经济单位，包括商业、粮食、物资供销、对外贸易、医药、石油、烟草商业、图书发行等企业。商品流通企业是联系商品生产与商品消费的中间环节，也是连接商品从生产领域向消费领域转化的纽带。商品流通企业不同于制造企业，其最大区别在于无产品生产过程，因此也就不存在生产资金的耗费过程。商品流通企业的基本经济活动是商品的购进和销售，商品流通企业的成本是指对商品流通企业费用的归集和分配，与工业企业相比，其成本主要是商品成本和其他业务成本。商品成本又分为商品采购成本、商品存货成本、商品加工成本和商品销售成本。

（一）商品采购成本

商品采购成本是因购进商品而发生的有关支出，根据新颁布的《企业会计准则第1号——存货》第3章的规定，存货的采购成本包括购买价格、相关税费、运输费、装卸费、保险费以及其他可归属于存货采购成本的费用。商品采购成本按照商品购进的来源，可分为国内购进商品采购成本和国外购进商品采购成本。

1. 国内购进商品采购成本

是指购进商品所发生的进货原价以及采购商品过程中发生的装卸费、相关税费、运输费、保险费等进货费用。

2. 国外购进商品采购成本

是指进口商品在到达目的港口以前发生的各种支出。

此外，企业使用外汇向国外购进商品所分摊的外汇价差和委托其他单位代理进口商品所支付给受托单位的实际价款，都应包含在商品采购成本内。企业购进商品发生的进货折扣与折让、经确认的索赔收入以及能直接认定的进口佣金都应冲减商品进价。

（二）商品存货成本

流通企业的商品存货成本一般以商品的采购成本为基础进行核算，并根据存货的计价方法确定其成本额。在商品的储存过程中，主要发生的是商品的储存保管费用，按照实际工作方法和有关规定，商品的储存费用应作为销售费用而计入当期损益。这种处理方法主要是为了简化企业的会计核算，当企业的进销货季节性强的时候，会使商品存货成本失真，所以严格来说，应根据一定时期所发生的商品的储存费用，按照商品的销、存比例进行分配，库存商品所承担的份额即为商品存货成本的构成内容。

（三）商品加工成本

商品加工成本是指企业将原材料、商品进行加工制成商品的全部支出。委托加工商品的成本包括所耗用的原材料或半成品成本、支付的加工费、运输费、装卸费、保险费、所交纳的税金等。加工过程中的收入应抵扣加工商品的成本。自营加工商品的成本是商品加工制造过程中发生的各项实际支出净额。

（四）主营业务成本

商品流通企业主营业务成本包括已销商品的采购成本和商品削价准备两部分内容。

已销商品的采购成本，可根据实际情况，选用适当的方法，进行计算并确定；商品削价准备是按期末库存商品的一定比率计提的，它也是商品销售成本的组成部分。企业出口商品应退的税金应抵扣当期出口商品销售成本。

（五）其他业务成本

其他业务成本是指除了商品销售以外的其他销售或者提供劳务等发生的人工、材料、其他费用等支出。

（六）商品流通费用

商品流通费用是在商品流通过程中发生的不能计入商品采购成本的间接费用。主要包括销售费用、管理费用、财务费用。

1. 销售费用

是指商品流通企业在组织销、存等经营活动过程中所发生的各项费用。主要包括保管费、广告费、展览费、商品损耗、检验费、进出口商品累计佣金、经营人员的工资及福利费等。

2. 管理费用

是指企业行政管理部门为组织和管理企业经营活动而发生的费用，包括管理人员工资及福利费、业务招待费、技术开发费、董事会会费、技术转让费、涉外费、劳动保险费、折旧费、修理费、商标注册费、审计费、坏账损失、房产税、土地使用税、印花税、车船使用税、咨询费、诉讼费、职工教育经费、工会会费等。

3. 财务费用

是指企业为筹集业务经营所需资金等而发生的费用，包括利息支出（减利息收入）以及支付给金融机构的手续费等。

以上三大费用，都是为企业的经营活动和管理活动而发生的，不应计入企业的经营成本中，而是作为期间费用，在其发生的会计期间，全部计入当期损益，直接从损益表的销售利润项目中减去，从而确定企业在一定会计期间所获得的利润。

二、批发企业成本核算

批发企业的库存商品采用数量进价金额核算法，在这种方法下，库存商品需按商品品名、规格分户核算，分别反映商品增减变动及结存的数量和进价金额。

由于商品进货渠道、交货方式的不同，各批商品进货单价不完全相同，因此，在确定结存商品的采购成本和销售商品的销售成本时，其关键在于进货单价的确认。确认进货单价的方法不同，便形成了不同的计算商品销售成本的方法。常用的有“个别计价法”、“先进先出法”、“加权平均法”和“毛利率法”等。

（一）个别计价法

个别计价法也叫分批实际进价法。它是以每一批商品的实际进价，作为计算销售成本的依据。这种方法以商品分批管理为前提，每批购进商品要分清批次存放，并分批设账，商品销售时，在发货单上要注明该批商品的实际进价，以便计算该商品的销售成本。采用个别计价法，计算出来的商品销售成本完全符合实际，但计算和结转商品销售成本的工作量较大，适用于能分清批次的商品和某些贵重商品。

（二）先进先出法

先进先出法是以先购入的商品先销售为假定前提的计算方法。具体计算时，按商品入库时间的先后顺序，以先入库商品的进货单价作为计算成本的依据，即每次销售商品后，先按结存商品的第一批的进货单价计算商品销售成本，第一批商品销售完后，再按第二批购进商品的进货单价计算，并依次类推。采用先进先出法计算商品销售成本，可以使存货价值接近于市场价格。但如果购进批次较多，而单价又各不相同，则同一批销售的商品，要按不同单价计算销售成本，计算工作比较复杂。另外，在物价上涨时用这种方法计算商品销售成本会显得偏低，会虚增销售毛利。

（三）加权平均法

加权平均法是按每种商品的数量和金额，计算出每种商品的加权平均单价，再以此加权平均单价乘以销售数量，计算出销售商品的成本。采用加权平均法，计算出来的商品销售成本比较均衡，但计算工作量较大，一般适用于经营品种较少的企业，或前后进货单价相差幅度较大的商品。

（四）毛利率法

毛利率法是根据本月销售收入，按照上季实际毛利率（或本季计划毛利率），计算商品销售毛利，再计算出本月商品销售成本。其计算公式如下：

本期商品销售毛利 = 本期商品销售收入 × 上季度实际(本季度计划)毛利率

本期商品销售成本 = 本期商品销售收入 − 本期商品销售毛利

毛利率法是按大类商品或全部商品计算商品销售成本，计算简便，但由于不按每种商品计算销售成本，其结果不够准确，因此在每季度的最后一个月，必须采用其他方法进行计算并予以调整。这种方法适用于经营品种较多，按月计算销售成本有一定困难的企业。

确定已销商品的单位进价成本后，即可计算商品的销售成本和期末库存商品存货的成本。在实际工作中，由于确定商品销售成本或期末库存商品存货成本的先后顺序不同，分为顺算成本法和倒算成本法两种。

1. 顺算成本法

即先计算商品的销售成本，再确定期末库存商品的存货成本。其计算公式如下：

商品销售成本 = 商品销售数量 × 单位商品的进价成本

期末库存商品的存货成本 = 期初商品存货成本 + 本期增加的商品进货成本 − 商品销售成本

2. 倒算成本法

即先计算期末库存商品的存货成本，再确定商品的销售成本。其计算公式如下：

期末库存商品的存货成本 = 期末库存存货的数量 × 单位商品的进价成本

商品销售成本 = 期初商品存货成本 + 本期增加的商品进货成本 − 期末库存商品的存货成本

批发企业可根据其经营的实际情况，任选一种方法计算出商品销售成本，期末结转销售成本时，借记“主营业务成本”账户，贷记“库存商品”账户。

三、零售企业成本核算

零售企业的库存商品一般采用售价金额核算法，在这种方法下，库存商品账上反映的是商品的售价金额，商品销售后，也以售价金额结转商品销售成本。按此处理方法，商品销售成本中包含了已实现的商品销售毛利，即商品进销差价，每月末应将已实现的商品进销差价，从售价成本中转出，以便使“商品销售成本”账上反映已销商品的采购成本。所以零售企业的成本计算，实际上就是对已销商品进销差价的计算。

（一）已销商品进销差价的计算

零售企业确定已销商品的进销差价的计算方法主要有两种：进销差价率法和实地盘存差价法两种。

1. 进销差价率法

这是一种按商品的存销比例分摊商品进销差价的一种方法。由于计算进销差价率的范围不同，又可分为综合进销差价率和分类（分柜组）进销差价率。

进销差价率法计算已销商品进销差价的计算公式如下：

差价率 = 月末结账前进销差价总额/（月末结存商品售价 + 本月商品销售成本借方发生额）×100%

月末结存商品进销差价 = 月末结存商品售价 × 差价率

已销商品进销差价 = 月末结账前进销差价总额 – 月末结存商品进销差价

【例 8-1】 某零售企业采用综合差价率计算法计算已销商品进销差价，本月末结账前“商品进销差价”科目贷方余额为 500 000 元，月末“库存商品”科目余额为 100 000 元，本月“主营业务成本”科目借方发生额为 4 004 000元（其中计提的准备为 4 000 元）。

根据以上资料，计算已销商品的进价成本。

月末结存商品售价 = 100 000（元）

本月商品的销售成本科目借方发生额 = 4 004 000 – 4 000 = 4 000 000（元）

差价率 = 500 000/（1 000 000 + 4 000 000）×100% = 10%

已销商品进销差价 = 500 000 – 100 000 = 400 000（元）

已销商品进价成本 = 4 000 000 – 400 000 = 360 000（元）

2. 实地盘存差价法

实地盘存差价法是根据期末盘点结存商品的实际数，计算出结存商品应保留的进销差价，再倒求出已销商品进销差价的一种方法。采用这种方法手续比较复杂，一般只限于年终决算时采用。

（二）已销商品进销差价结转的核算

由于采用售价金额核算法，商品销售后是按售价结转商品销售成本的，为了将以售价记录的商品销售成本调整为采购成本，需将已销商品应分摊的进销差价冲减商品销售成本，编制如下会计分录：

借：商品进销差价

　　贷：主营业务成本

想一想

商品流通企业的成本包括哪些内容？其核算有何特点？

第二节　运输企业的成本核算

交通运输企业是运用交通工具对旅客或者货物进行空间位置移动的生产经营性企业单位。按照交通工具的不同可以分为公路、水路、铁路、航空和管道五种类型的运输企业，其经营方式与制造型企业有很大的不同。运输企业的成本核算是指对交通运输企业成本费用的归集和分配，成本计算对象是旅客和货物的周转量，成本构成中，没有形成产品实体的原材料和主要材料。

一、汽车运输企业的成本核算

汽车运输企业是在公路上以汽车作为交通工具，对旅客或者货物进行空间位置移动的生产经营性企业单位。

（一）汽车运输企业成本核算的特点

1. 成本核算对象

汽车运输企业的成本核算对象是企业所属的客车和货车的运输业务，需要分客运和货运进行分类核算，在此基础上，按照运输车辆的车型作为成本核算具体对象进行成本核算。

2. 成本核算单位

客车运输成本核算的单位是元/千人·公里，货车运输成本核算的单位是元/千吨·公里。如果是客货混合运输（混合运输是指将客车附带捎运货物或者货车捎运载客），则应将按照一定换算比例将其换算为统一的运输量进行核算。一般货物周转量和旅客周转量的换算比例为 1 吨·公里 = 10 人·公里。

3. 成本核算期

汽车运输企业的成本核算期按照月份、季度、年度来计算企业的运输成本。

4. 成本项目

汽车运输企业营运业务成本分为车辆费用和营运间接费用。

（1）车辆费用是指企业直接从事营运生产活动所发生的各项费用。包括司、助人员的工资、奖金、津贴和补贴以及按工资总额一定比例提取的职工福利费（有固定车辆的汽车司机和助手，其工资和职工福利费应按照实际发生数直接计入运输成本，没有固定车辆以及后备的司机和助手，其工资、职工福利费应按营运车日或营运车吨（座）日分配），企业在营运生产过程中实际耗用的燃料、材料、润料、动力及照明、备品配件、轮胎、各种物料和低值易耗品等支出，折旧费，修理费，车辆保险费以及事故损失费等。

（2）营运间接费用是指营运过程中发生的不能直接计入成本计算对象的各种费用。包括分公司及站、队、场人员的工资和福利费、办公费、水电费、差旅费、劳动保护费和折旧费等，但不包括企业的管理费用。

（二）汽车运输企业成本核算

汽车运输企业总成本分为客运总成本、货运总成本和客货混合运输综合成本。总成本除以总运输量即为单位运输成本。汽车运输营运业务成本分为车辆费用和营运间接费用。

1. 车辆费用的归集

汽车运输企业应按照不同的成本核算对象来归集车辆的费用。由于汽车运输企业一般按业务类别（客运和货运）或者车型作为成本计算对象。因此，凡属于某对象的直接费用应直接计入营运成本，对一些共同性质的费用也采用适当的方法进行分配，计入各自的成本。

2. 营运间接费用的归集

汽车运输企业应按车队、车场归集各车队、车站为管理企业的生产经营活动而发生的费用。由于这些费用不能计入客车、货车的成本，财会部门应根据有关记账凭证和费用汇总表，按照费用发生的先后，序时登记入账，归集“营运间接费用”。月终，按实际发生数进行分配，应按受益对象的直接费用比例计算分摊，分别计入各受益对象的营运成本。月终，企业将发生的营运间接费用，应分摊完毕，不留余额。然后编制“间接费用分配表”，据此记入各成本或费用核算对象的明细分类账。

汽车运输企业月末应编制运输成本表，以反映运输的总成本和单位成本情况，汽车运输成本表的格式见表8-1。

二、水上运输企业的成本核算

（一）水上运输企业的类型

水上运输企业是从事水上的旅客和货物的运输单位。按照船舶航行的水域不同，可分为沿海运输、远洋运输和内河运输。沿海运输是指海运企业船舶在近海航线上航行，往来于国内的沿海港口之间；远洋运输是海运企业的船舶在国际航线上航行，往来于国内外港口之间；内河运输是指内河运输企业的船舶航行于江河港口之间。

表 8-1　　　　汽车运输成本表

年　　　　单位：元

项　　目	行　　次	金　　额
一、运输总成本		
（一）车辆直接费用		
1. 工资		
2. 职工福利费用		
3. 燃料		
4. 轮胎		
5. 修理费		
6. 折旧		
7. 运输管理费		
8. 事故损失		
9. 税金		
10. 其他		
11. 其他		
（二）营运间接费用		
二、周转量（千换算吨公里）		
三、单位成本（元/千换算吨公里）		
四、成本降低额		
五、成本降低率（%）		
补充资料		
耗油量（吨）		
其中：汽油（吨）		
柴油（吨）		

（二）水上运输企业成本核算的特点

1. 成本核算对象

水上运输是以客、货运输业务作为成本计算对象，为了加强成本管理，必须分别以航线、航次、船舶类型（客轮、货轮、油轮、拖轮等）和单船作为成本计算对象；内河运输由于航行时间短，一般不以航次作为成本计算对象。

2. 成本核算期

水上运输企业的成本核算期按照月份、季度、年度来计算企业的成本。

3. 成本核算单位

沿海、远洋运输企业的成本核算单位是：客运成本为千人·海里；货运成本为千吨·海里；客货混合运输的综合成本是将千人·海里与千吨·海里进行换算。内河运输企业的成本核算单位是：客运成本为千人·公里；货运成本为千吨·公里。

4. 成本项目

（1）沿海、远洋运输企业的成本项目包括航次运行费用、船舶固定费用、集装箱固定费用、船舶租赁费用和营运期间的间接费用等项目。

航次运行费用是指船舶在运输生产过程中发生的直接费用，包括：燃料费、港口费、货物费、集装箱货物费、中转费、垫隔材料、速遣费、客运费、事故费用、航次其他费用等。

船舶固定费用是指为保持船舶适航状态所发生的费用。包括：工资、职工福利费、润料、物料、船舶折旧费、船舶修理费、保险费、税金、船舶非营运期费用、船舶共同费用等。

集装箱固定费用是指企业自有或租入的集装箱在营运过程中发生的固定费用。集装箱固定费用的项目和内容规定有：集装箱保管费、集装箱折旧费、集装箱租费、集装箱修理费、集装箱保险费、集装箱底盘车费用、集装箱其他费用等。

船舶租费是指企业租入运输船舶参加营运，按规定应支付给出租人的租费。

营运间接费用是指企业营运过程中所发生的不能直接计算运输成本核算对象的各种间接费用。包括企业各个生产单位（分公司、船队）为组织和管理运输生产所发生的运输生产管理人员工资、职工福利费、折旧费、租赁费(不包括融资租赁)、修理费、材物料消耗、低值易耗品、取暖费、水电费、办公费、差旅费、运输费、保险费、设计费、试验检查费、劳动保护费以及其他营运间接费用。

（2）内河运输业务成本项目包括船舶直接费用、船舶维护费用、集装箱固定费用、营运间接费用。

船舶直接费用是指运输船舶在航行中和为保持船舶适航状态所发生的费用，包括：工资、职工福利费、燃料、润料、物料、港口费、航养费、过闸费、运输管理费、折旧费、修理费、事故损失费、租费、保险费、税金、劳动保护费、其他费用等。

船舶维护费用是指有封冻、枯水等非通航期的企业在非通航期发生，应由通航期运输成本负担的船舶维护费用。

集装箱固定费用是指按规定办法分配应由本期运输成本负担的集装箱固定费用。

营运间接费用是指营运过程中发生的不能计入本期成本计算对象但应由本期运输成本负担的各种间接费用。

（三）水上运输业务的成本核算

1. 海洋运输业务的成本构成与核算

（1）航次运行费用。运输船舶所发生的船舶航次运行费用，应根据原始凭证或费用计算表编制记账凭证，按不同成本计算对象，直接记入“运输支出”科目的明细分类账的有关项目。

按单船核算成本，应直接列入各船月度运输成本。

按航次核算成本，应区别以下情况分别核算：属当期已完航次船舶航次费用，可直接列入各船的航次成本；对于航次已经结束，国内外代理单位账单和船舶燃料消耗报告在当期期末尚未到达，由财会部门根据船舶所到港口的费率、运输契约、货种、运量、港口作业情况及船舶燃料消耗航次电报、船存燃料平均单价进行预估，列入已完航次船舶航次运行费用，并在下一航次期初用红字原数冲回，依此类推，直至收到已完航次港口使用费实际账单和船舶燃料消耗报告后，按实际发生数计入航次运行费用。

按航次核算成本的远洋运输企业，应在“运输支出”科目下按船舶航次设立“船舶航次费用明细账”或“航次成本计算单”，归集船舶每航次所发生的航次直接费用，并用以结算成本。

（2）船舶固定费用。船舶固定费用包括单船费用、共同费用和非营运期费用，应按规定费用项目设立“船舶固定费用明细账”，运输船舶所发生的固定费用，应根据原始凭证或费用计算表编制记账凭证，分别按不同的成本计算对象，直接记入各船“船舶固定费用账”的有关项目。

按单船核算成本的企业，船舶固定费用应按月计入各月运输成本；按航次核算成本的企业，月度终了将船舶固定费用按各船营运天数分配计入该船本月内已完和未完的航次成本。

船舶共同费用是指应由企业所有船舶共同负担，需要经过分配再由各船负担的船员费用和船舶业务费用。费用发生时，应根据有关记账凭证和费用汇总表，按照费用发生的先后记入“船舶固定费用－船舶共同费用”科目，并按规定费用项目设立费用明细账进行归集登记；在月度终了，通常按各船的艘·

天，吨·天或其他比例分摊编制“船舶共同费用分配表”，分别记入各船的“船舶固定费用——船舶共同费用”科目。

船舶非营运期费用是指船舶在非营运期内发生的燃料、港口费和其他非营运期费用。

(3) 集装箱固定费用。企业应设置“集装箱固定费用”明细分类账，按规定的费用项目设置专栏。财会部门应根据有关记账凭证和费用汇总表，按照费用发生的先后，序时登记入账，归集集装箱固定费用。月终，按单船核算成本的企业，应将归集的集装箱固定费用，按（重）箱天数比例分摊，编制“集装箱固定费用分配表”，计入各船的月度运输成本；按航次核算成本的企业，应将归集的集装箱固定费用，按（重）箱天数比例分摊，编制“集装箱固定费用分配表”，计入各航次运输成本。

(4) 船舶租费。企业租入船舶（不包括融资租入），按合约支付的船舶租费中，程租费按船舶航次计入航次结束月度的单船成本，期租费按航次日历天数分摊计入有关航次成本。航次跨年度时，按会计核算年度日历天数分配，属于未完航次的租费，记入“未完航次支出”项目。实行单船核算成本的企业，船舶租费按月度划分，分别计入有关月度的单船成本，上年支付属于下年的船舶租费，作待摊费用处理。

(5) 与运输无关费用。与运输无关费用是指运输船舶在营运生产中从事与运输无关业务，如旅客服务业务、港内作业、救援遇难船舶等工作。在计算运输成本时，必须在运输船舶费用中扣除完成这些业务所发生的与运输无关费用，记入“其他业务支出”项目。与运输无关费用的扣除方法：一是按本期从事运输工作和非运输工作天数的比例，分船计算；二是在非运输工作天数较少的情况下，按营运吨天数计算扣除。

(6) 运输总成本和单位成本计算。企业全部营运船舶所发生的船舶费用，扣除与运输无关费用，即为运输总成本；运输总成本除以客货运换算周转量即为运输综合单位成本。

客货运成本和客、货单位成本计算：将客轮的直接费用和客货轮分配由客运负担的直接费用汇总，并加以应负担的营运间接费用，即为客运成本；将货轮的直接费用和客货轮分配由货运负担的直接费用汇总，并加以应负担的营运间接费用，即为货运成本。

2. 内河运输业务的成本构成与核算

(1) 船舶直接费用。企业的船舶直接费用应按照客轮、客货轮、货轮、油轮、拖（推）轮、驳船等船舶类型在“运输支出”科目设置明细分类账，按规定的成本项目设置专栏。也可根据本单位成本管理的需要，按航次、航线和单船设置成本明细分类账。

企业运输船舶所发生的船舶直接费用应根据原始凭证和费用分配表直接记入运输成本明细分类账的有关项目，船舶临时从事非运输工作（如救援、临时出租、短期征用等）所发生的船舶直接费用，仍在有关船舶的成本明细账内归集，在计算运输成本时予以扣除。企业的交通工作船舶、供应船舶、流动修理船舶以及自营港埠的港船舶、趸船等应分别在“辅助营运费用”和“营运间接费用”中设立明细账、登记并汇集所发生的费用，不得直接计入运输成本。

企业归集的船舶直接费用，应分别由客运、货运、油运、排运等运输种类负担；客货轮的船舶直接费用应在客货轮客运和客货轮货运之间分摊。

（2）船舶维护费用。企业应设置“船舶维护费用”明细分类账，并按规定的费用项目设置专栏进行明细核算（非通航期的内河运输企业船舶维护费用，可按航期前、航期后分别设立明细分类账），财会部门应根据有关记账凭证和费用汇总表，按照费用发生的先后，序时登记入账，归集实际发生的船舶维护费用。

企业应将通航期每月运输成本应负担的船舶维护费用，按照各运输种类船舶费用的比例分摊，编制“船舶维护费用分配表”，据此计入各运输种类成本；年度终了，企业应将全年的船舶维护费用实际发生数与分配数之差额，调整到当年的运输成本。

（3）集装箱固定费用。企业应按集装箱类型设置“集装箱固定费用”明细分类账，按规定的费用项目设置专栏进行明细核算。所发生的集装箱固定费用，能直接计入营运成本的则直接计入，不能直接计入的需按一定比例分摊计入。由运输成本负担的集装箱固定费用，可按各运输种类船舶直接费用的比例分摊计入各运输种类成本。企业的集装箱固定费用，应在月终按实际发生数进行分配。

（4）运输总成本和单位成本的计算。企业全部运输船舶所发生的船舶直接费用及分配由运输成本负担的船舶维护费用、集装箱固定费用和营运间接费用，扣除与运输成本无关的费用，即为企业的运输总成本。

（四）水上运输业务的成本计算

水上运输企业月末应编制相应的成本计算表，以反映运输的总成本和单位成本情况。成本计算表的格式见表 8-2 和表 8-3。

表 8-2 海洋运输成本表

年 单位：元

项　　目	行　　次	金　　额
一、航次运行费用		
1. 燃料费		
2. 港口费		
3. 货物费		
4. 集装箱货物费		
5. 中转费		
6. 垫隔材料		
7. 速遣费		
8. 客运费		
9. 事故损失		
10. 航次其他费用		
二、船舶固定费用		
1. 工资		
2. 职工福利费		
3. 润料		
4. 物料		
5. 船舶折旧费		
6. 船舶保险费		
7. 船舶修理费		
8. 税金		
9. 船舶共同费用		
10. 船舶非营运期费用		
11. 其他船舶固定费用		
加：上年未完航次支出		
减：本年未完航次支出		
计入运输成本的船舶固定费用		
三、集装箱固定费用		

续表

项　　目	行　　次	金　　额
四、船舶租费		
五、营运间接费用		
减：与运输无关支出		
六、运输总成本		
其中：客运成本		
货运成本		
七、运输周转量		
客运周转量（千人·海里）		
货运周转量（千吨·海里）		
八、运输单位成本（元/千换算吨海里）		
客运单位成本（元/千人·海里）		
货运单位成本（元/千吨·海里）		
九、成本降低额		
客运成本降低额		
货运成本降低额		
十、成本降低率		
客运成本降低率（%）		
货运成本降低率（%）		
补充资料		
本年耗油数（吨）		

表 8-3　　**内河运输成本表**

年　　　　单位：元

项　　目	行　　次	金　　额
一、船舶直接费用		
1. 工资		

续表

项　　目	行　　次	金　　额
2. 职工福利费用		
3. 燃料		
4. 润料		
5. 物料		
6. 港口费		
7. 航养费		
8. 过闸费		
9. 折旧费		
10. 修理费		
11. 事故损失		
12. 租赁费		
13. 保险费		
14. 劳动保护费		
15. 税金		
16. 其他费用		
二、船舶维护费用		
三、集装箱固定费用		
四、营运间接费用		
减：与运输无关支出		
五、运输总成本		
其中：客运成本		
货运成本		
六、运输周转量		
客运周转量（千人·公里）		
货运周转量（千吨·公里）		
七、运输单位成本（元/千换算吨公里）		
客运单位成本（元/千人·公里）		
货运单位成本（元/千吨·公里）		

续表

项　　目	行　　次	金　　额
八、成本降低额		
客运成本降低额		
货运成本降低额		
九、成本降低率		
客运成本降低率（%）		
货运成本降低率（%）		
补充资料		
本年耗油数（吨）		

三、铁路运输企业的成本核算

铁路运输送达速度快、运输量大、能源消耗和运输成本都较低，在我国运输体系中占有很重要的地位。

（一）铁路运输企业成本核算特点

1. 成本核算对象

铁路运输企业的成本核算对象是企业所属的客货运输业务。

2. 成本核算单位

客输成本核算的单位是千人·公里，货运成本核算的单位是千吨·公里。

3. 成本核算期

汽车运输企业的成本核算期按照季度、年度来计算企业的运输成本。

4. 成本范围和项目

成本范围包括：（1）办理客货运输的费用；（2）运输准备和列车运行的费用；（3）营运单位固定资产的维修、保养和不构成固定资产的设备工具等维修、保养费用等；（4）间接生产费；（5）按规定应列入成本的非生产性费用等。

成本项目主要有：工资、材料、燃料、电力、其他。

（二）铁路运输企业成本计算

最常用的铁路运输企业成本计算方法有以下两种：

1. 换算吨公里的成本计算方法。换算吨公里是客货运输量的综合性指标，即将旅客人公里数换算折合为吨公里，再和货物计费吨公里相加，进行费用的分配。

换算吨公里数＝旅客人公里数＋货物计费吨公里数

换算吨公里成本＝运输支出总额/换算吨公里总数

2. 旅客及货物运输成本分开计算法，即将运输支出划分为客运支出和货运支出，分别计算旅客人公里和货运吨公里成本。

想一想

运输企业的成本核算有何共同性和差异性？为什么会有这种情况发生？

第三节　建筑施工与房地产开发企业的成本核算

一、建筑施工企业的成本核算

建筑施工企业是指从事建筑安装工程施工的企业。其成本核算就是对工程成本进行相应的会计处理，即指对建筑施工过程中发生的成本费用的归集和分配。

（一）建筑施工企业成本核算的特点

1. 工程成本核算对象的确定

建筑施工企业的成本核算对象的确定，一般根据建筑施工预算相适应的原则，再结合本企业建筑施工组织的特点、工程承包的具体情况和成本管理的要求，来确定成本计算对象。主要有：

（1）一般是以每一独立编制建筑施工图预算的单位工程作为成本计算对象。

（2）一个单位工程由几个施工企业共同施工时，各企业应以同一单位工程作为成本计算对象，各自核算自己部分的成本。

（3）规模大、建设工期长的单位工程，则可以把工程划分为若干部位，以分部作为成本计算对象。

（4）改建、扩建的零星工程，可以将开工和竣工时间接近、属于同一建设项目的各单位工程合并为同一核算实体，作为成本计算对象。

想一想

为什么工程成本核算对象一般为独立编制建筑施工图预算的单位工程？

2. 成本核算期

建筑安装工程一般规模较大，周期较长，如果等全部完工后进行成本计算，势必影响企业的成本管理和资金周转，因此企业只要完成了预定的工程，就视为已完工程进行成本核算。当整个工程竣工时，再对工程进行成本决算。

3. 工程成本项目及核算内容

工程成本是指从事一定的建筑安装工程过程中所发生的各项费用，分为直接成本和间接费用两部分。

（1）直接成本。施工过程中所消耗的构成工程实体或有助于工程实体形成的各项支出。包括：

①人工费。即在施工过程中从事施工的工人的工资、职工福利费和劳动保护费。

②材料费。即在施工过程中直接从事建筑安装工程所消耗的，构成工程实体或有助于工程形成的各种材料、结构件的实际成本，以及周转材料（如模板、拱架、脚手架及跳板等）的摊销及租赁费用。

③机械使用费。指为建筑安装工程在施工过程中因使用自有施工机械而发生的使用费，租用外单位施工机械的租赁费，以及施工机械的安装、拆卸和进出场费。

④其他直接费。即在生产施工过程中直接发生但未包括在人工费、材料费、船机使用费项目中的其他费用。包括：冬季、雨季夜间施工增加费，指工程在冬季、雨季及夜间施工时采取防寒、保温、防雨防潮、排水、照明等措施发生的费用；材料二次搬运费，指在施工现场发生的材料、成品及半成品的二次倒运费；施工辅助费，包括：生产工具用具使用费，指施工生产所需不属于固定资产的生产用具及检验、试验用具等的购置、摊销和维修费，以及支付给工人自备工具的补贴费；检验试验费，指对建筑材料、构件和建筑安装物进行一般鉴定、检验所发生的费用。

（2）间接费用。即不能确定为某项工程所负担，需要进行一定的分配才能计入成本计算对象的费用，其分配的结果计入各成本计算对象的间接费用项目，并填入成本计算单中。

（二）建筑工程成本的计算和结转

1. 工程成本的计算

企业应该根据企业内部有关部门提供的原始凭证，通过设置的“工程施工”等账户进行工程成本的计算。工程成本的计算包括竣工工程成本、已完工程成本和未完工程成本。

已完工程成本 = 期初未完工程成本 + 本期发生费用 − 期末未完工程成本

未完工程成本是已完工程成本计算的基础，其确定有两种方法，一是按预算成本计价，即可以通过期末的工程盘点，确定施工进度后估算；二是按预算成本比例计价，即按已完工程预算成本和未完工程预算成本比例计算。

建筑施工企业的成本计算是通过“工程施工”明细账进行的，其格式见表8-4。

表8-4 **工程施工成本明细账**

工程名称： 年 月 金额单位：

摘要	工程实际成本						本月未完工程成本	已完工程	
	材料费	人工费	机械使用费	其他直接费	间接费用	合计		实际成本	预算成本
月初累计余额									
分配材料费									
分配人工费									
分配机械使用费									
分配其他直接费									
分配间接费									
本月合计									
本月累计									

2. 工程成本的结转

企业应按照工程合同确定的工程价款结算办法，按月或者按期结算已完工的工程成本。进行成本结转时，借记“工程结算”，贷记“工程施工”。

二、房地产开发企业的成本核算

(一) 房地产开发企业成本核算的特点

房地产即不动产，一般是指土地、土地上的永久性建筑物和由它们衍生的各种物权。房地产开发企业就是组织房地产的开发、经营和服务的企业，它具有开发经营的政策性强、建设的周期长、投资金额大、工程项目多、开发经营业务的多元化等特点，这使得房地产开发企业有别于建筑施工企业的成本核算。

想一想

房地产业与建筑业是两个独立的行业还是属于同一行业？两者的主要区别

表现在哪里?

1. 成本核算对象

房地产开发企业的成本核算对象应根据开发项目的地点、用途、结构、装修、层高、施工队等因素以单项开发工程为成本计算对象。一般来说,房地产开发企业应以单项开发工程为成本计算对象,因为开发企业的基础设施、建筑安装等工程具有多样性和固定性的特点,每一工程几乎都有它的独特形式和结构,需要一套单独的设计图纸,并要采用不同的施工方法和施工组织进行建设。工程的这些特点,形成了工程施工具有个体性,因此,基础设施、建筑安装等工程的施工属于单件生产,可采用成本计算分批法计算工程成本。对土地开发、配套设施开发、房屋开发、代建工程开发等业务,均可根据各自特点,以各类业务的单项开发工程作为成本计算对象。

2. 成本核算期

按月定期计算成本。房地产开发企业各类业务中,很多建设项目的生产周期一般都较长,开发项目经常跨年度进行。为了及时反映开发项目的成本发生情况,考核开发经营活动的成果,房地产开发企业应按月定期计算成本。

3. 成本项目

房地产开发成本是指房地产开发企业在开发过程中所发生的各项费用。开发成本按其用途,可分为土地开发成本、房屋开发成本、配套设施开发成本、代建工程开发成本四类。为了反映各类开发成本的构成,又可将开发成本进一步划分为若干项目,通常成为“产品成本项目”。房地产开发企业的产品成本项目,应根据其生产经营特点和成本管理要求设置,一般有以下六个项目:土地征用及搬迁补偿费、前期工程费、基础设施费、建筑安装工程费、公共配套设施费、开发间接费用。以上六个项目构成了房地产开发企业产品的开发成本,其中前五项是构成房地产企业开发产品实体或有助于产品形成的直接成本,可直接计入有关开发产品成本;第六项间接费用应先进行归集,月末再按一定分配标准,分配计入有关的开发产品成本。房地产开发企业(公司本部)行政管理部门为组织和管理开发经营活动而发生的管理费用、财务费用,以及为销售、出租、转让开发产品而发生的销售费用,都应作为期间费用,计入当期损益。

(二) 房地产开发企业成本的核算

1. 土地开发成本的核算

土地开发是房地产开发企业的主要业务之一,其开发产品为建设场地。土地开发成本是指企业用于土地开发所发生的各项费用,主要指开发商品性建设场地的成本,发生的直接费用就直接计入成本对象的成本,如果发生的是两个或者两个以上的成本对象的共同性费用，则进行分配后计入成本。

【例8-2】 某房地产开发公司开发土地200亩，发生了如下经济业务：支付征地拆迁费4 000 000元，耕地占用税10 000 000元。安置费1 000 000元，出售拆迁地上农房回收材料获得变价收入40 000元；支付给N公司三通一平费用1 000 000元，K公司基础设施费用1 000 000元，建筑安装费4 000 000元；本块土地应承担的开发间接费为240 000元，则其开发成本见表8-5。

表8-5 **土地开发成本计算单**

年 月 金额单位：万元

项目	直接费用						开发间接费	合计
	土地征用费	前期工程费	基础设施费	建筑安装工程费	公共配套设施费	小计		
某地	1 496	100	100	400		2 096	24	2 120

想一想

土地开发等成本按什么标准分配计入各房屋开发成本较合适？

2. 房屋开发成本的核算

房屋开发建设是房地产开发企业的又一重要内容。其开发可分为：为销售而开发的商品房、为安置拆迁居民而开发的周转房、为出租而开发的经营房、为受托而开发的代建房。

其成本核算方法和土地开发成本计算相同。

3. 配套设施开发成本计算

配套设施开发是指企业根据城市建设规划建设的需要或者建设规划的要求，为满足居住的需要，与开发项目配套的各种服务性设施的建设。主要有两大类：一类是非营业性的公共配套设施项目，应计入开发项目的成本。另一类是小区类的配套性设施项目，其中如果属于不能或者不准备有偿转让的，其支出计入设施的成本；属于准备有偿转让的，则应相应地计算其独立的成本，以便计算转让的盈亏。

4. 代建工程开发成本计算

代建工程是指房地产开发企业受托代为开发建设的工程和中标承建的开发

工程，既有建设场地和房屋，又有其他工程，如城市道路、基础设施、园林绿化、旅游风景等市政工程。接受委托代为开发的商品建设场地和房屋，由于其建设内容和特点与企业自身开发分商品性建设场地和房屋基本上相同，因此其成本计算方法和土地开发成本的计算方法相同。

第四节　服务企业的成本核算

一、服务企业的成本核算概述

服务企业是国民经济中第三产业的重要组成部分，包括旅游业、饮食业和服务业。旅游业是凭借旅游资源，以旅游设施为条件，为满足游客食、住、行、游、购、娱乐等生活需求，提供商品和服务的综合性服务的企业。饮食业是以从事出售加工烹制菜肴和食品，并提供客人消费设施、场所和服务为主要业务的企业。服务业是利用具有特殊设施的场所和具有特殊技能的劳动，为满足消费者特殊需要而提供服务的企业。

旅游、饮食服务企业具体包括旅游业、饭店（宾馆、酒店）、度假村、游乐场、歌舞厅、餐馆、酒楼、旅店、修理店、理发美容店、浴池、照相馆、洗染店、影视厅、咨询业等。旅游、饮食服务企业是集生产、流通、服务三个职能于一体的综合性服务企业，其经营特点表现为以服务为中心，辅之以生产和流通，直接为消费者服务。

二、旅游经营业务成本核算

旅游企业是一种新兴的综合性的社会服务企业。为了满足旅游者食、住、行、游、买多方面的消费，旅游业的经营涉及旅行社、旅游饭店、旅游商场、旅游娱乐场，以及各种旅游服务企业，也涉及民航、铁路、文物、园艺、工艺美术等部门和行业，许多旅游企业兼有生产、销售和服务职能。由此可见，旅游企业通常包括旅行社、宾馆、交通运输、旅游商店等各类企业。

（一）旅游企业成本核算的特点

旅游业经营项目有旅行社、客房，客车出租等服务业务，也有商品经销业务，还有餐饮生产服务性业务。对生产服务性业务，在成本费用核算上有归集成本费用的核算；对商品经营项目，要核算经营成本；对旅行社、客房服务，则主要是核算营业费用和管理费用。旅游企业与工业企业比较，其主要特点在于后者为物质产品生产企业，会计核算的主要对象是生产制造过程，而前者为旅游服务性企业，会计核算的主要对象是商品经销和各项服务过程。因此，旅游企业的营业成本和费用核算有其自身的特点。

（二）旅游企业成本项目

旅游服务企业的成本项目和费用主要是按营业成本和营业费用划分的。管理费用和财务费用作为当期费用单独核算，从每期的营业收入中直接扣除。旅游企业的营业成本包括客房、餐饮原料成本、各项代收代付费用等，具体营业成本的构成内容主要包括以下五个方面：

1. 企业直接耗用的原材料、调料、配料、辅料、燃料等直接材料，包括饭店餐馆和餐饮部耗用的食品、饮料的原材料、调料、配料成本，餐馆、浴池耗用的燃料成本，饭店洗衣房、洗染店、照相馆、修理店耗用的原材料、辅料成本。

2. 旅行社代付的房费、餐费、交通费、文娱费、行李托运费、票务费、门票费、专业活动费、签证费、陪同费、劳务费、宣传费、保险费、机场费等。

3. 商品进价成本。商品进价成本分为国内购进商品进价成本和国外购进商品进价成本。国内商品进价成本是指购进商品原价。国外购进商品进价成本是指商品在购进中发生的实际成本，包括进价、进口环节交纳的税金、调进外汇差价、支付委托外贸部门代理进口的手续费。

4. 汽车成本。指宾馆车辆在服务营运过程中所发生的直接费用，包括汽油费、工资、维修费、养路费等。

5. 其他成本。指不能计入以上内容的其他营业项目所支付的直接成本，如复印项目的复印纸、出售无形资产、存货（不包括商品）的实际成本。

（三）旅游企业成本核算

1. 旅游企业营业成本的明细项目

（1）餐饮营业成本：包括餐厅、酒吧、咖啡厅等部门在经营中耗用的各种食品原材料、饮料、调料、配料等的实际成本。（2）商品销售成本：指售出商品的进价。（3）汽车营业成本：应比照运输企业会计制度，即出租汽车经营中所产生的实际成本，包括司机工资、燃料费、材料费、轮胎费、折旧费、维修费、养路费、低值易耗品摊销、制服费和其他直接费用等。（4）旅行社成本：包括代付的房费、餐费、交通费、文娱费、行李托运费、票务费、门票费、专业活动费、签证费、陪同费、劳务费、宣传费、保险费、机场费等。（5）照相、洗染、修理等服务企业营业成本主要指耗用的原材料成本。

2. 营业费用的明细项目

职工工资、职工福利费、工作餐费、物料消耗、包装费、保管费、展览费、清洁卫生费、低值易耗品摊销、折旧费、燃料费、修理费、水电费、制服费、洗涤费、租赁费、劳保用品费、保险费、邮电费、差旅费、运杂费、手续费、广告费、存货盘亏、盘盈、其他营业费用。

旅游企业在经营活动中所发生的各种直接耗费，都应记入“营业成本”账户的借方，期末再结转到“本年利润”账户，以便于确定企业的财务成果。

旅游企业为管理和组织经营活动所发生的营业费用、管理费用和财务费用应作为期间费用，直接计入当期损益。

【例 8-3】 某旅行社组织国内一旅行社团，发生如下费用：住宿房费 10 000元，旅游就餐费 11 000 元，包车交通费 8 000 元，导游陪同工资 500 元，地游项目费 1 600 元，代订购回程车票 20 张，每张手续费 15 元，支付宾馆、咖啡厅等费用 520 元，则其营业成本为：

$$10\ 000 + 11\ 000 + 8\ 000 + 500 + 1\ 600 + 20 \times 15 + 520 = 31\ 920\ (\text{元})$$

三、餐饮经营业务成本核算

餐饮企业是专门从事加工、烹调和出售餐制品，并提供消费场所、设备和服务性劳动，以满足顾客需要的行业，包括各类型的酒家、酒楼、快餐厅、小吃店等。该行业不同于商业，又区别于制造企业，供应的饭菜、点心等是通过手工加工制作，随烧随卖，产销紧密结合。

（一）餐饮企业成本核算特点

餐饮成本包括食品原料成本、劳动力成本和设备折旧费用。而餐饮成本主要是原料成本，原料成本随着营业收入的变化而变化。营业收入增加，原料成本也随之增加，营业收入降低，原料成本也随之减少，如果没有营业收入，也就没有成本可言。而劳动力成本和设备的折旧费用等，不随营业收入的变化而变化。餐饮企业主要是以提供劳务为主，服务往往是综合性的，哪种劳动花费了多少人工费用，应负担多少的工资，无法确定一个合理的标准和分摊依据，不便于操作。因此，餐饮企业的劳务成本一般直接计入企业的营业费用，而不将其计入成本。

（二）餐饮企业成本核算

餐饮企业在经营过程中发生的各项直接支出计入成本，包括企业直接耗用的原材料、调料、配料、辅料等直接材料。主要有两种耗用材料核算办法，实际上就是两种成本核算方法。

1. 领料制

由于成本一般是每月计算一次，如果厨房或加工车间领用的原材料当月完全用完，那么，领用的原材料即为当月的原材料成本；如有剩余，则计算成本时减去余料后就是原材料成本。计算公式如下：

$$\frac{\text{本月实际}}{\text{耗料成本}} = \frac{\text{厨房或加工车间}}{\text{月初原材料结存额}} + \text{本月领用额} - \frac{\text{厨房或加工车间月末}}{\text{原材料结存额}}$$

2. 非领料制

非领料制企业平时生产领料，只办理业务手续，不作账务处理，月末时根据仓库、厨房结存材料倒挤生产耗用的材料。计算公式如下：

$$\text{本月实际耗料成本} = \text{原材料期初结存数} + \text{领用数} - \text{本期原材料购进总额} - \text{期末原材料结存额}$$

餐饮成本计算表如表8-6所示。

表8-6 **餐饮成本计算表**

年 月

单位或部门	月初结存额	本月购进额	库存厨房月末盘存数	耗用原材料成本

四、其他服务业务成本核算

服务业是指利用设备、工具、场所、信息或技能为社会提供服务的业务。它的经营方式多样，服务项目繁多，而且提供的常常是带有一定技艺性的服务性劳动。具体包括：代理业、旅店业、饮食业、仓储业、租赁业、广告业、其他服务业。

代理业：是指代委托人办理受托事项的业务，包括代购代销货物、代办进出口、介绍服务、其他代理服务；

旅店业：是指提供住宿服务的业务；

饮食业：是指通过同时提供饮食和饮食场所的方式为顾客提供饮食消费服务的业务；

旅馆业：是指为住宿的客人提供住房、生活设施和服务人员的劳动，并收取一定费用的行业；

仓储业：是指利用仓库、货场或其他场所代客存放、保管货物的业务；

娱乐业：是指舞厅、音乐茶座、台球室、网球场、游泳池、保龄球馆、健身房和游戏机房等业务；

租赁业：是指在约定的时间内将场地、房屋、物品、设备或设施等转让他人使用的业务。

服务业的成本主要是劳务成本，部分企业也存在原材料的消耗，所以，服务业的成本为耗费的材料成本与服务过程中的服务成本之和。

想一想

不同的服务企业，应如何进行成本的核算？

参考文献

1. 王俊生．成本会计．北京：中国财政经济出版社，2000
2. 罗飞．成本会计．北京：高等教育出版社，2000
3. 郁国培．成本会计实务．杭州：浙江大学出版社，2001
4. 吴丽新，孙革新．新编成本会计．大连：大连理工大学出版社，2004
5. 杨修发，朱启明．成本管理会计学．成都：西南财经大学出版社，2002
6. 于长春，陈勤．成本会计学．北京：人民出版社，2002
7. 丁元森．成本会计．上海：立信会计出版社，2002
8. 王俊生．成本会计．中国财政经济出版社，2000
9. 欧阳清．成本会计学．大连：东北财经大学出版社，2002
10. 刘学华．成本会计．上海：立信会计出版社，2005
11. 江希和．成本会计（第二版）．北京：高等教育出版社，2006
12. 辛旭．成本会计学．北京：中国人民大学出版社，2004
13. 林万祥．成本论．北京：中国财政经济出版社，2001
14. 李安定，孟祥霞．成本会计研究．北京：经济科学出版社，2002
15. 贺南轩．成本会计学（第三版）．北京：中国财政经济出版社，2002
16. 傅建设．成本会计教程（第一版）．上海：立信会计出版社，2002
17. 程坚，施卓晨．成本会计．杭州：浙江大学出版社，2004
18. 傅胜．行业会计比较（第二版）．大连：东北财经大学出版社，2004
19. 于小镭，徐兴恩．新企业会计准则．北京：机械工业出版社，2007

图书在版编目(CIP)数据

成本会计教程/周军,李光富,章伟舟主编．—武汉：武汉大学出版社，2008.2(2017.6 重印)
高职高专“十一五”规划教材
ISBN 978-7-307-06093-7

Ⅰ.成…　Ⅱ.①周…　②李…　③章…　Ⅲ.成本会计—高等学校：技术学校—教材　Ⅳ.F234.2

中国版本图书馆 CIP 数据核字(2008)第 005083 号

责任编辑:林　莉　　责任校对:王　建　　版式设计:詹锦玲

出版发行：**武汉大学出版社**　(430072　武昌　珞珈山)
(电子邮件：cbs22@ whu. edu. cn　网址：www. wdp. com. cn)
印刷:虎彩印艺股份有限公司
开本：720×1000　1/16　印张:13.5　字数:257 千字　插页:2
版次：2008 年 2 月第 1 版　2017 年 6 月第 10 次印刷
ISBN 978-7-307-06093-7/F · 1113　定价:25.00 元

高职高专“十一五”规划教材

公共课书目

☆安全警示录——大学生安全教育读本
☆应用写作实训教程

经济类书目

财会系列：

☆财务管理教程
☆财务管理全程系统训练
☆税法教程
☆税法全程系统训练
☆企业涉税会计教程
☆企业涉税会计全程系统训练
☆成本会计教程
☆成本会计全程系统训练
☆中级会计教程
☆中级会计全程系统训练
☆初级会计教程
☆初级会计全程系统训练
☆电算化会计教程
☆电算化会计全程系统训练
☆会计职业技能仿真训练
☆会计职业技能综合实训
☆行业特殊业务会计教程
☆行业特殊业务会计教程全程系统训练
☆审计实务教程
☆审计实务全程系统训练

工商企业管理系列：

☆管理学
☆现代企业管理
☆生产与运作管理实务
☆会计基础与财务报表分析
☆经济学基础
☆现代质量管理实务

市场营销系列：

☆市场营销
☆市场营销实训教程
☆电子商务物流管理
☆电子商务概论
☆市场营销策划
☆网络营销
☆推销技术
☆国际贸易单证实务
☆国际贸易实务
☆国际结算
☆商务英语口译训练教程

旅游系列：

☆旅游服务礼仪
☆旅游概论
☆旅游服务心理
☆旅游英语
☆导游业务
☆旅游法规实务
☆旅游市场营销
旅游景区管理
☆旅行社管理与实务
☆餐厅服务与管理
☆饭店前厅客房服务与管理

物流系列：

☆货物学
☆物流基础

☆已出书